AF747959

Le plein-emploi dans le respect de l'économie durable et humaine

Élie Sadigh

Le plein-emploi dans le respect de l'économie durable et humaine

L'Harmattan

© L'Harmattan, 2017
5-7, rue de l'Ecole-Polytechnique, 75005 Paris

http://www.harmattan.fr

ISBN : 978-2-343-11963-2
EAN : 9782343119632

A Simon

Introduction générale

L'économie doit être au service de l'Homme et son véritable objectif est la satisfaction des besoins économiques des individus. Or, la condition de la satisfaction de ces besoins est la production, qui résulte de la combinaison des ressources naturelles et de l'activité économique des hommes et des femmes. La préservation de la nature constitue donc la condition première de la survie de l'Homme et, d'une façon générale, du vivant. Il en résulte que le non-respect de la nature met en danger l'avenir du vivant. La participation des hommes et des femmes à la réalisation de la production permet de satisfaire les besoins économiques et leur donne un droit sur les produits qui résultent de la production. Le non-respect de ce droit est une anomalie, car il engendre la spoliation de ceux qui participent à la réalisation de la production et ouvre la voie à leur exploitation. La spoliation et l'exploitation des travailleurs sont source de conflits et de révoltes d'origine économique. Par conséquent, si l'on veut que soient écartés la spoliation, l'exploitation des travailleurs et ces conflits qui peuvent dégénérer, il faut faire en sorte que le droit économique et les droits sociaux de ceux qui participent à la réalisation de la production soient respectés. Il faut faire en sorte que ceux qui participent à la réalisation de la production puissent travailler dans des conditions qui ne soient ni dégradantes ni inhumaines et qu'ils ne soient plus exploités ni spoliés. Or, l'industrialisation a conduit à la dégradation de notre environnement naturel. Ni les ressources vitales, ni le droit économique ni les droits sociaux de ceux qui participent à la réalisation de la production ne sont actuellement respectés.

En ce qui concerne les échanges entre les pays, l'objectif est la réalisation de l'enrichissement mutuel, afin de mieux satisfaire les besoins économiques des pays qui y participent. Mais, jusqu'à présent, ces échanges font apparaître des pays gagnants et des pays perdants, des pays dominants et des pays dominés et cette situation est source de conflits entre les pays. Ces dangers qui menacent la nature et la paix sociale à l'intérieur de chaque pays et qui troublent la paix entre les divers pays proviennent de ce que l'on a fait passer au second plan à la fois la préservation de la nature et le véritable objectif de l'économie, au profit de la domination d'une classe dont le pouvoir est aujourd'hui essentiellement assuré par les mécanismes économiques qui préservent leurs intérêts particuliers.

Pour cela, on a ajouté arbitrairement un autre objectif à l'économie : gagner de l'argent, de plus en plus d'argent, et même gagner de l'argent avec de l'argent (donc sans production). Ce nouvel objectif a introduit des conflits d'intérêt entre, d'un côté ceux qui gagnent de l'argent grâce à leur participation à la réalisation de la production, de l'autre ceux qui veulent gagner toujours plus d'argent et même gagner de l'argent avec de l'argent. Il a donc perverti, occulté, le véritable objectif de l'économie. En fait, une économie où il est possible de gagner de l'argent avec de l'argent porte en elle les germes de sa perversion et de sa perte. Cette économie a ouvert la voie aux financiers des entreprises, qui peuvent tout faire pour gagner plus d'argent avec de l'argent. A cette fin, ils sont prêts à ne pas respecter la nature et à bafouer les droits économiques et sociaux des travailleurs, à ne pas respecter le droit économique des consommateurs et des pays. Cette économie a ouvert la voie aux spéculateurs qui, pour gagner toujours plus, peuvent spéculer sur les marchés financiers, sur les marchés des matières premières, sur les marchés des produits alimentaires, etc. Or, nous verrons que la théorie économique actuellement dominante tente de favoriser et de légitimer ce deuxième objectif. Elle est donc favorable aux catégories qui revendiquent haut et fort ce nouvel objectif et elle leur laisse le champ libre, au niveau national comme au niveau international. Cette déviation est due au fait que le fonctionnement de l'économie est actuellement régi par des règles qui ne correspondent pas au véritable objectif de l'économie, qui est de satisfaire les besoins économiques de tous.

Il existe essentiellement trois sortes de règles en économie :

- Les règles qui régissent le fonctionnement de l'économie et des organismes qui sont en rapport avec l'économie ;
- Les règles qui régissent l'organisation du travail, les conditions de travail, la durée de travail et les droits sociaux des travailleurs ;
- Les règles qui sont destinées à préserver la nature et l'avenir du vivant.

Nous verrons que les premières règles influencent, en grande partie, l'établissement, l'application et les résultats des deux autres. Ainsi la façon dont sont établies les règles du fonctionnement de l'économie permet-elle de connaître les possibilités de réaliser ou non une économie durable et humaine, dans le respect et la préservation de la nature et des individus.

1° L'économie est une science et les règles de son fonctionnement doivent être déduites des principes de l'économie, principes qui doivent être eux-mêmes établis par une théorie rationnelle, non partisane. L'application de ces règles assure le fonctionnement normal de l'économie. Mais, jusqu'à présent, l'établissement des règles du fonctionnement de l'économie a été imposé ou établi, selon les époques et les lieux, par la coutume, par des autorités dites morales, par les dirigeants ou par des théories économiques partisanes et donc sans fondement rationnel. Or, par définition, les règles ainsi établies sont arbitraires et leur application ne peut pas assurer le fonctionnement normal de l'économie.

2° Les règles qui régissent l'organisation du travail, les conditions de travail, la durée de travail et les droits sociaux des travailleurs ont toujours été établies par les législateurs et par des négociations entre les représentants des travailleurs et ceux du patronat. Dans l'économie actuelle, où il est possible de gagner de l'argent avec de l'argent, ces règles sont les résultats des rapports de force, d'une part entre les législateurs, les représentants des travailleurs et les représentants du patronat (actuellement nommés par les financiers des entreprises), d'autre part entre les représentants des travailleurs et les représentants du patronat.

Dans le cadre du fonctionnement actuel de l'économie, ces rapports de force varient en fonction de la situation économique de chaque pays. Par exemple, en situation de chômage permanent, ces rapports sont favorables aux représentants du patronat au détriment des salariés.

3° Les règles qui ont pour objectif de préserver l'avenir des ressources naturelles, l'avenir de la planète et donc l'avenir du vivant sont établies par les législateurs de chaque pays, compte tenu des avis, pressions, des lobbies des industriels, cultivateurs, etc. Mais, même si certains pays parviennent à établir des règles qui pourraient être valables, cela ne suffit pas pour sauver la planète et le vivant, car la pollution ne connaît pas de frontières. Ces règles doivent donc être établies par un organisme international dédié à cette fin et appliquées par l'ensemble des pays. Or, nous verrons que, dans le cadre du fonctionnement actuel de l'économie, d'une part l'établissement de ces règles est influencé par des rapports de force, d'autre part ces règles peuvent être détournées, enfin leur application ne donne pas de résultats probants. Il est indispensable, pour la préservation du vivant, qu'il existe un organisme international qui aura une capacité de coercition à l'égard de l'ensemble des pays.

Dans le cadre du fonctionnement actuel de l'économie, l'industrialisation a des conséquences négatives sur le plan social et sur le plan environnemental.

L'économie industrialisée a permis de satisfaire de mieux en mieux les besoins économiques et d'en créer d'autres. Mais nous devons savoir pourquoi, alors qu'elle aurait pu et dû dans le même temps améliorer considérablement les conditions de travail, elle a imposé dans certains secteurs des conditions de travail très dures, voire inhumaines, et pourquoi elle a aggravé les inégalités économiques et donc les inégalités sociales.

L'économie industrialisée a fait augmenter de façon considérable l'exploitation et l'utilisation des ressources naturelles. Or, les ressources naturelles non renouvelables sont limitées, donc épuisables. Les ressources naturelles renouvelables sont quant à elles dégradables. L'économie industrialisée n'a pas tenu compte de cet état de fait dans son exploitation des ressources naturelles.

L'exploitation croissante des ressources naturelles, l'augmentation de la production matérielle et l'utilisation de certains produits industriels ont fait augmenter la pollution de façon importante. L'économie industrialisée, jusqu'à présent placée dans le cadre de la théorie dominante, est toujours à la recherche d'une rentabilité maximale des placements en faveur des financiers des entreprises et cela quel qu'en soit le prix à payer par l'ensemble de l'humanité. L'économie industrialisée placée dans ce cadre est donc devenue la principale responsable du gaspillage de ces ressources et de la pollution.

L'économie industrialisée, dans le cadre économique mondial actuel, met en danger l'avenir de la planète et donc l'avenir du vivant. Pour faire passer sous silence ces effets néfastes, ceux à qui profite ce dévoiement de l'économie ont bien mené leur propagande : ils ont réussi à faire croire que le bonheur passe par l'acquisition toujours accrue de biens matériels. Ce renversement de l'échelle de valeurs nous a fait perdre de vue notre aspiration la plus essentielle : la sauvegarde du vivant et de l'espèce.

Dans le cadre du fonctionnement actuel de l'économie, les échanges internationaux ont des conséquences négatives sur le plan économique, sur le plan social et sur le plan environnemental.

L'objectif des échanges internationaux est la réalisation de l'enrichissement mutuel. L'une des conditions pour respecter cet objectif est que chaque pays vende les produits dont il n'a pas besoin pour acheter les produits dont il a besoin. Or, les financiers des entreprises ont un autre objectif, qui est de pouvoir exporter toujours plus, donc de produire toujours plus.

Ils sont soutenus en cela par les dirigeants des divers pays et par l'Organisation Mondiale du Commerce (OMC). Cette Organisation, qui exige de ses membres la suppression des droits de douane et des taxes, passe sous silence une autre condition, celle de la réalisation des échanges dans le respect de l'équivalence. Cette condition n'est donc pas respectée, les taux de change étant actuellement établis arbitrairement.

La libre circulation des marchandises et les taux de change arbitraires ont fait augmenter de façon considérable les échanges internationaux, en très grande partie en raison des délocalisations. Le prix de ces délocalisations est élevé pour les pays industrialisés et pour les pays où les entreprises délocalisées s'implantent. Pour les premiers, ce prix est notamment le chômage. Pour les seconds, c'est la spoliation et l'exploitation des travailleurs des entreprises délocalisées.

Les échanges internationaux réalisés dans le cadre de ces taux de change ont fait apparaître une concurrence inégale entre les pays ainsi que le pillage de certains pays par d'autres. Ils ont aggravé les inégalités de développement et favorisé les délocalisations. Ils sont responsables de l'immense majorité des conflits d'origine économique entre les pays. Enfin, l'augmentation de ces échanges engendre un énorme gaspillage des ressources naturelles et donc une pollution croissante.

Le fonctionnement actuel de l'économie pousse à la concentration des entreprises, aux coalitions et aux accords économiques.

Dans l'économie mondiale actuelle, les rapports de force jouent un rôle important. Ces rapports entre les pays sont l'un des sujets qui préoccupent les politiques et les financiers des entreprises. Du point de vue des dirigeants politiques, ces rapports sont déterminés par le niveau de la production, par le niveau de la population, par le niveau des exportations nettes, par le niveau de concurrence ou de compétitivité que chaque pays peut prétendre présenter sur le marché international et par la puissance militaire de chaque pays.

Du point de vue des financiers des entreprises, ces rapports sont déterminés par la puissance des entreprises, organisée à travers des concentrations d'entreprises au niveau national et des entreprises dites multinationales au niveau international.

Dans cette économie, pour tenter de présenter un rapport de force suffisant face aux pays dominants ou pour être moins dominés et afin que leur point de vue soit pris en considération, certains pays, petits et moyens selon les critères évoqués, sont amenés à constituer des coalitions ou à établir des accords économiques. Or, nous verrons que ces rapports de force n'auraient plus de sens dans le cadre d'une économie durable et humaine.

En fait, nous verrons qu'en dernière analyse les conflits sociaux d'origine économique à l'intérieur des pays, les conflits entre les pays, les rapports de force à l'intérieur des pays, les rapports de force entre les pays et le dysfonctionnement des économies sont les conséquences de l'application des règles établies actuellement dans le cadre de la théorie dominante, qui n'a aucun fondement rationnel. Ce sont ces règles partisanes qui régissent, jusqu'à présent, le fonctionnement des économies nationales et de l'économie internationale. Actuellement, ces règles sont établies essentiellement par tous ceux qui sont sous l'influence des financiers et/ou qui sont formés dans le cadre de la théorie néoclassique, car celle-ci est devenue la théorie dominante, cela bien qu'elle soit partisane et donc sans fondement rationnel.

Tant que le fonctionnement de l'économie sera régi par des règles irrationnelles et partisanes, il ne sera pas possible de réaliser une économie humaine.

Dans une telle économie, il est possible de gagner de l'argent avec de l'argent et, pour gagner toujours plus d'argent, il est possible et nécessaire de spolier et d'exploiter les travailleurs, de tromper les consommateurs, de créer une concurrence déloyale au niveau national, de créer une concurrence inégale au niveau international, d'augmenter constamment la production matérielle. Cette économie n'est pas compatible avec l'économie humaine, car elle est favorable à une infime minorité, au détriment de l'immense majorité de la population mondiale. Elle est favorable à ceux qui gagnent de l'argent avec de l'argent, donc aux financiers des entreprises.

Le fonctionnement actuel de l'économie, au niveau national comme au niveau international, ne favorise pas les véritables conditions de la réalisation de l'économie durable.

Le fonctionnement actuel de l'économie est compatible avec la recherche de la rentabilité maximale, immédiate et à tout prix, pour les placements. Cette recherche entraîne une course effrénée à la croissance matérielle, aux échanges internationaux non nécessaires, au transport de produits réalisés à un bout du monde pour être vendus à l'autre bout du monde, etc. Ces situations engendrent une exploitation et une utilisation croissantes des ressources naturelles non renouvelables, la dégradation des ressources naturelles renouvelables et la pollution.

Cette économie est clairement incompatible avec la réalisation de l'économie durable, car dans cette économie l'action de l'Homme, dans les domaines de la production, de l'échange et de la consommation, met en danger l'avenir de la planète et donc l'avenir du vivant. Mais cette économie est favorable aux financiers des entreprises qui, en augmentant la production, font fructifier leurs placements. En outre, nous verrons que dans cette économie il est possible de neutraliser les effets positifs des mesures prises pour tenter de préserver l'avenir de la planète.

Dans le système économique actuel, un mythe bien implanté a la vie dure. C'est celui qui consiste à dire que les financiers sont nécessaires. Il est primordial de montrer l'ineptie de ce mythe. Non seulement les financiers ne sont pas nécessaires, mais ils sont nuisibles.

Les grands financiers font croire aux dirigeants et aux travailleurs qu'ils sont indispensables, au prétexte que ce sont eux qui investissent et donc qui donnent du travail aux travailleurs. Or, on peut les considérer comme des parasites, plutôt que comme des bienfaiteurs ou des sauveurs. **Car les travailleurs peuvent avoir un travail sans les financiers, tandis que les financiers ne peuvent pas faire fructifier leurs placements sans les travailleurs.**

Ce mythe masque également le fait que l'argent, le profit, qui permet aux financiers de réaliser des investissements, représente une partie du revenu des travailleurs. Nous verrons qu'une économie qui a un fonctionnement normal n'a nul besoin des financiers pour réaliser des investissements et pour donner du travail aux travailleurs. Elle n'a besoin que de travailleurs et d'entrepreneurs.

Dans l'économie actuelle, les financiers, grâce à leur puissance financière, à leurs lobbies très influents et aux organes d'information qu'ils contrôlent, qu'ils dominent, même, presque en totalité, peuvent s'opposer aux dirigeants politico-économiques ou infléchir leurs politiques salariales, leurs politiques sociales, leurs politiques fiscales, leurs politiques environnementales, etc. Cette économie étant régie par des règles arbitraires, les grands financiers peuvent établir ou faire établir de nouvelles règles arbitraires en leur propre faveur.

Enfin, même lorsque certains dirigeants politiques prennent des mesures en faveur des travailleurs, en faveur des consommateurs ou en faveur de l'environnement, mesures souvent acquises de haute lutte, ou prises sous l'influence de l'opinion publique, les financiers profitent de toutes les occasions (chômage, crises financières, etc.) pour faire établir d'autres règles arbitraires afin d'annuler ou d'atténuer les effets positifs de ces mesures. C'est le cas depuis plusieurs dizaines d'années en France et dans bien d'autres pays.

Les dirigeants qui cèdent à ces exigences des financiers sont soit au service de ces financiers, soit formés dans le cadre de la théorie néoclassique, en tout cas ils sont sans grande conviction. De tels dirigeants se trouvent dans une sorte de Caverne de Platon, d'où ils ne voient et n'acceptent que les illusions présentées par les financiers et par la théorie néoclassique, au détriment des réalités les plus évidentes, qui nous indiquent de façon de plus en plus menaçante l'urgence de les prendre en considération pour préserver la planète et le vivant.

Dans l'économie actuelle, les situations de plein-emploi et de stabilité économique semblent être favorables aux revendications des travailleurs, tandis que les situations de sous-emploi et de crise sont véritablement favorables aux financiers des entreprises. Mais en réalité ce sont les actes et décisions de ces mêmes financiers qui se trouvent être à l'origine du passage du plein-emploi au sous-emploi dans les pays industrialisés et des crises financières, au niveau national comme au niveau international. Les actes et décisions qui engendrent ces conséquences néfastes deviennent possibles dans toute économie dont le fonctionnement est régi par des règles arbitraires.

Certes ce constat est amer, mais nous verrons que l'ensemble de ces problèmes économiques, sociaux et environnementaux ne sont pas des fatalités. Des solutions existent. Ce qui manque actuellement, ce sont des dirigeants qui aient la volonté et le courage de les appliquer, des dirigeants qui ne soient pas soumis à l'influence de la théorie dominante ni sous la tutelle des financiers et des lobbies, des dirigeants qui ne soient plus soumis à un théâtre d'illusions.

Qu'est-ce qu'une économie humaine ? Elle n'existe pas encore, mais elle peut exister, que sera-t-elle donc ?

L'économie humaine, au niveau national, sera une économie où il ne sera plus possible de gagner de l'argent avec de l'argent, où chaque actif obtiendra une part du produit selon sa participation à la réalisation de la production, où les travailleurs ne seront plus spoliés ni exploités, où la concurrence déloyale à l'intérieur des pays n'existera plus, où il y aura une solidarité entre les actifs et les retraités, où il existera une protection sociale généralisée, où les conditions inhumaines de travail n'auront plus cours, où l'un des principaux objectifs de l'utilisation des progrès techniques sera d'améliorer les conditions de travail et de diminuer le temps de travail, où l'on ne vivra plus pour travailler, où, enfin, on travaillera pour vivre. Une économie humaine, au niveau national, sera donc une économie où le véritable objectif de l'économie sera réalisé.

Une économie humaine, au niveau international, sera une économie où les taux de change seront établis dans le respect de la parité des pouvoirs d'achat, où les échanges entre les pays se réaliseront dans l'équivalence, où les pays ne chercheront plus à réaliser une balance commerciale excédentaire, où la concurrence inégale entre les pays n'existera plus, où il n'y aura plus ni pays gagnants ni pays perdants, où il n'y aura plus ni pays dominants ni pays dominés, où il n'y aura plus de liquidité internationale, où il n'y aura plus de marché des capitaux financiers au niveau international, où aucun pays ne sera plus pillé par d'autres pays, où il y aura une véritable Banque mondiale et donc une véritable monnaie internationale, où il y aura une solidarité entre les pays riches et les pays pauvres économiquement et cette solidarité durera tant que tous les pays ne seront pas parvenus à satisfaire les besoins économiques de leur population. En d'autres termes, ce sera une économie où le véritable objectif des échanges internationaux sera réalisé et où les causes des conflits d'origine économique disparaîtront.

L'économie humaine n'est pas une économie de charité. Elle ne demande pas le transfert d'une partie du revenu de certaines catégories vers d'autres, car ce transfert ne sera plus nécessaire. Elle veut que chaque actif ait un travail et puisse vivre du revenu de son travail. Elle veut que disparaisse la spoliation de l'immense majorité de la population. Elle veut que disparaisse l'exploitation des travailleurs. Elle veut qu'il existe une solidarité entre tous les membres de la société pour faire face aux aléas de la vie (la maladie, les accidents de travail, le handicap, etc.). Elle veut qu'il existe une solidarité entre les actifs et les retraités de chaque période. Elle veut que, au niveau international, les échanges ne fassent pas apparaître des pays gagnants et des pays perdants. L'économie humaine sera une économie au service de tous les individus et de tous les pays. En d'autres termes, l'économie humaine sera une économie où les véritables objectifs de l'économie nationale et de l'économie internationale seront réalisés.

Nous verrons que la réalisation de cette économie humaine est possible. Elle passe par l'application des règles dont le respect assure le fonctionnement normal de l'économie nationale et de l'économie internationale. Ces règles existent. Elles sont déduites logiquement des principes de l'économie établis par une théorie rationnelle.

L'économie durable est une économie où ne sera pas mis en danger l'avenir de la planète ni donc l'avenir du vivant.

L'économie durable est une économie où il sera tenu compte des limites des ressources naturelles non renouvelables et donc épuisables, où seront préservées les ressources naturelles renouvelables, où les matériaux recyclables seront recyclés, où l'énergie utilisée sera renouvelable, où sera écartée toute sorte de gaspillage, où la production et la consommation seront raisonnées, où les lieux de production se rapprocheront des lieux de consommation, où l'on ne produira plus à un bout du monde pour vendre à l'autre bout, où les pays ne chercheront plus à réaliser des excédents de leur balance commerciale, où l'objectif des échanges internationaux sera respecté, où chaque pays vendra les produits dont il n'a pas besoin pour acheter les produits dont il a besoin, ce qui signifie que les pays n'importeront plus les biens qu'ils pourront produire chez eux.

La réalisation de l'économie durable passe par la combinaison, d'une part de l'application des règles dont le respect assure le fonctionnement normal de l'économie nationale et de l'économie internationale, d'autre part de la prise de conscience de tous (consommateurs, producteurs, dirigeants politiques, dirigeants des organisations internationales, etc.) de la nécessité de préserver l'avenir du vivant. Enfin, elle a besoin de dirigeants politiques qui décident d'appliquer et de faire appliquer ces règles et qui prennent des mesures pour préserver la nature. C'est la prise de conscience du plus grand nombre qui obligera les dirigeants réticents à appliquer ces règles et à prendre les mesures nécessaires.

La réalisation de l'économie durable et humaine nécessite d'abord des règles dont le respect assure le fonctionnement normal de l'économie nationale et internationale. Elle nécessite ensuite certaines réformes fondamentales, dont les réformes des systèmes bancaires nationaux et du système monétaire et financier international. L'application de ces règles et la réalisation de ces réformes rencontreront des réticences et résistances, car elles mettront en cause les intérêts mercantiles d'une petite minorité, actuellement très puissante, d'où la nécessité de mettre en place des dirigeants nationaux et internationaux courageux, décidés et indépendants de toutes sortes de lobbies, et d'une prise de conscience de l'opinion publique de la nécessité et de l'urgence de l'établissement de ces règles et de la réalisation de ces réformes.

Tout cela nécessite aussi un certain nombre de mesures à prendre afin de favoriser les relocalisations, la production des énergies renouvelables, les économies d'énergie, le recyclage, la recherche, etc. Nous verrons quelles sont les mesures à prendre et comment les financer. L'application de ces mesures permettrait d'améliorer la situation de l'emploi et, à terme, de réaliser le plein-emploi. Nous verrons, en outre, quelles sont les décisions à prendre pour pérenniser le plein-emploi et améliorer les conditions de travail.

Comment on a réussi à faire passer au second plan les problèmes économiques, sociaux et environnementaux.

Pour une grande majorité de la population, la prise de conscience de ces problèmes passe par des organes d'information. Or, les principaux débats organisés par la plupart de ces organes ne portent pas sur ces problèmes. Ils portent sur les questions d'argent (les impôts, les marchés financiers, les crises financières, la dette des Etats, la crise de la dette des Etats, etc.), sur le coût de la protection sociale, sur son déficit, sur la façon de la démanteler afin d'améliorer la situation de l'emploi, sur le nombre d'immigrés, sur l'avenir de certains hommes ou femmes politiques, etc.

Ces débats occupent l'esprit des gens, c'est pourquoi ces organes peuvent passer sous silence les problèmes fondamentaux, alors qu'ils devraient poser les bonnes questions telles que, par exemple, au niveau national :

- D'où viennent les écarts de revenu ?
- Comment sont-ils rendus possible ?
- Pourquoi existe-t-il des travailleurs pauvres même dans les pays dits riches ?
- Quelles sont les véritables causes des conflits sociaux à l'intérieur des pays ?
- Quelles sont les véritables causes de l'aggravation de la situation de l'emploi dans les pays dits industrialisés ?
- Pourquoi les pays industrialisés sont-ils passés d'une situation de plein-emploi à une situation de sous-emploi ?

- Le démantèlement de la protection sociale permet-il d'améliorer la situation de l'emploi ?
- Comment les financiers sont-ils devenus les maîtres du monde ?
- Les financiers sont-ils véritablement nécessaires ?
- Peut-on continuer à augmenter la production des produits matériels ?
- Etc...

Au niveau international, les questions qui devraient être posées sont, par exemple, les suivantes :

- Pourquoi les échanges internationaux font-ils apparaître des pays gagnants et des pays perdants ?
- Pourquoi les relations monétaires et financières internationales font-elles apparaître des pays dominés et des pays dominants ?
- Comment apparaît la liquidité internationale ?
- La liquidité internationale est-elle nécessaire, n'est-elle pas plutôt une anomalie ?
- Les marchés financiers sont-ils nécessaires ?
- Quelles sont les véritables causes économiques qui se trouvent être à l'origine des conflits entre les pays ?

Cette façon dont les médias se concentrent sur des sujets autres et font passer au second plan les problèmes importants des économies nationales et de l'économie internationale a pour objectif de ne pas réveiller le chat qui dort, de ne pas parler des intérêts en jeu. Ceux à qui profite cette situation y sont parvenus par la mainmise sur les organes d'information (parfois par la propagande) et par la puissance des lobbies des catégories qui ont les revenus les plus élevés. Cette situation empêche d'éveiller la curiosité et la conscience des gens sur les véritables causes des problèmes économiques dont souffre une grande partie de la population mondiale. Elle n'est donc favorable qu'aux financiers et à tous ceux à qui profite l'ignorance du plus grand nombre.

Prenons un exemple : depuis des années, les débats sur lesdites crises financières successives font passer au second plan les problèmes sociaux dus au fonctionnement actuel des économies nationales et de l'économie internationale, dont les inégalités économiques sont l'une des manifestations. Ils font passer au second plan les problèmes des paradis fiscaux et de l'évasion des capitaux. Ils font passer au second plan les problèmes des pays en développement. Ils font passer au second plan les problèmes de l'utilisation et du gaspillage des ressources naturelles non renouvelables, de la dégradation des ressources naturelles renouvelables, de la pollution, de l'avenir du vivant. On en parle, certes, mais on aboutit toujours aux mêmes conclusions, à savoir qu'on ne peut rien faire. Il n'est que de voir les rétropédalages à toute tentative de réforme concernant les mesures écologiques à prendre pour ralentir la dégradation de l'environnement. Les lobbies sont à l'œuvre et toujours très réactifs.

En outre, lorsque certains de ces organes d'information organisent des débats sur les problèmes économiques, les intervenants sont les conseillers des grands financiers et des entreprises multinationales ou alors ils sont formés dans le cadre de la théorie néoclassique et leur vision reste enfermée dans ce cadre. Or, ils ne peuvent pas apporter de véritables solutions, ils sont juge et partie, puisque cette théorie, ces financiers et ces entreprises sont à l'origine de ces problèmes.

Les différentes attitudes face aux problèmes économiques, sociaux et environnementaux

Il existe trois attitudes face à ces problèmes :

- La première concerne ceux qui ne veulent pas de changement : ils ne souhaitent pas que ces problèmes soient résolus et feront tout pour qu'ils ne le soient pas. Ce sont les principaux responsables de ces problèmes et les principaux bénéficiaires de cette situation.
- La deuxième attitude concerne les indifférents ou ignorants, les personnes abreuvées et influencées par des organes d'information et de propagande mis en place pour reléguer au second plan ces problèmes. Pour faire accepter la situation actuelle, on leur dit que depuis toujours existent des inégalités, des dominants

et des dominés, des pays riches et des pays pauvres, que les ressources naturelles ont toujours été exploitées et utilisées, etc.

- La troisième attitude concerne ceux qui, sous contrainte ou par une prise de conscience, veulent résoudre ces problèmes économiques, sociaux et environnementaux. Toutefois, nous verrons que, pour faire face à ces problèmes, aucune des propositions et décisions, qu'elles viennent des dirigeants politico-économiques ou des personnes de bonne volonté, etc., ne peut donner de résultats probants dans le cadre du fonctionnement actuel de l'économie.

Or, la réalisation de l'économie durable et humaine est une nécessité absolue et donc un devoir pour tous si l'on veut préserver l'avenir de la planète et du vivant. Elle permettrait d'atteindre le véritable objectif de l'économie. Elle permettrait à l'humanité de pouvoir, enfin, travailler pour vivre, au lieu de vivre pour travailler, comme c'est le cas jusqu'à présent. C'est aussi un devoir pour les politiques. Le respect de ce devoir, de l'éthique politique, doit amener les dirigeants politico-économiques à appliquer et à faire appliquer les règles susceptibles d'assurer le fonctionnement normal de l'économie et à prendre les mesures aptes à faciliter et à favoriser cette réalisation.

L'un des objectifs de cet ouvrage est de démontrer qu'il n'y a de salut ni pour l'économie humaine ni pour l'économie durable et, par conséquent, pas de salut pour la planète et l'humanité dans le cadre du fonctionnement actuel des économies nationales et de l'économie internationale. Pour réaliser l'économie durable et humaine, il faut abandonner les règles arbitraires qui régissent jusqu'à présent le fonctionnement de l'économie et les remplacer par de nouvelles règles : les règles déduites des principes de l'économie établis par une théorie rationnelle. Ces règles existent (cf. chapitre IV), il suffit de les appliquer.

Chapitre I

Jusqu'à présent l'économie a toujours été au service d'une minorité : les plus puissants, les plus riches, les plus malins et les profiteurs - pourquoi ?

I. Introduction

L'économie doit être au service de tous. Lorsqu'elle est au service d'une partie de la population au détriment d'une autre, elle est détournée de son véritable objectif qui est de satisfaire les besoins économiques des individus selon la participation de chacun à la réalisation de la production, et c'est là une source de conflits. L'économie est détournée de son objectif dès lors que son fonctionnement est régi par des règles arbitraires. Lorsque règne l'arbitraire, ce sont les plus puissants, les plus riches, les plus malins et les profiteurs qui imposent leur volonté pour établir et faire établir toutes sortes de règles en leur faveur et c'est parce que l'arbitraire y règne que ces catégories peuvent défendre, par tous les moyens, cette économie.

Nous vivons dans un monde où l'économie est détournée de son véritable objectif, un monde où les travailleurs qui participent à la réalisation de la production sont spoliés, où l'immense majorité des travailleurs sont exploités, où être propriétaire des moyens de production donne un droit sur une partie de la production, où les inégalités économiques et donc les inégalités sociales deviennent de plus en plus criantes, où s'impose la loi du plus fort, où les travailleurs salariés ne sont pas véritablement libres, où les contrats à durée indéterminée cèdent peu à peu la place à des contrats à durée déterminée, où la flexibilité du travail et le temps partiel imposé font augmenter le nombre des travailleurs précaires, où les travailleurs salariés sont devenus une variable d'ajustement, où les travailleurs salariés sont à la merci des décisions des financiers des entreprises, où, même dans les pays dits riches, il existe des travailleurs pauvres, où une grande partie des travailleurs ne travaillent pas pour vivre mais vivent pour travailler alors qu'on pouvait espérer voir le progrès technique permettre de réaliser le rêve de la majeure partie de la population mondiale, à savoir : travailler pour vivre. Nous vivons dans un monde où gagner de l'argent avec de l'argent est devenu une norme, où l'évolution économique aggrave les inégalités économiques et donc les inégalités sociales. Nous vivons dans un monde où les relations économiques entre les pays aboutissent au pillage de certains pays, où l'évolution économique de certains pays se réalise au détriment de l'évolution économique d'autres pays, ce qui engendre une aggravation de la situation de l'emploi dans ces derniers, un monde où les financiers sont devenus les maîtres. Nous vivons dans un monde où l'objectif d'une partie des producteurs est devenu de tout faire, parfois même de faire n'importe quoi ou n'importe comment, pour gagner plus d'argent, où l'augmentation de la production matérielle épuise et dégrade les ressources naturelles et met en danger l'avenir de la planète et donc l'avenir du vivant, un monde où les dirigeants, au niveau national comme au niveau international, sont, consciemment ou inconsciemment, au service des financiers, ils sont leurs obligés ou ils se sentent obligés de céder à leurs exigences.

Dans ce chapitre, nous verrons que ces conséquences économiques, sociales et environnementales sont dues au fait que, jusqu'à présent, le fonctionnement de l'économie nationale et de l'économie internationale en partie n'obéit à aucune règle et en partie est régi par des règles arbitraires.

II. Les travailleurs salariés, exploités et spoliés, sont aussi une variable d'ajustement

Le salariat de masse est l'une des conséquences de l'industrialisation de la production que nous pouvons diviser en quatre phases, afin de constater les évolutions, positives ou négatives, des conditions et de la durée de travail des salariés dans les pays dits industrialisés.

1° Au début de l'industrialisation, il n'y avait ni lois ni règles pour établir et préciser les conditions et la durée de travail telles que, par exemple, l'âge minimum légal pour pouvoir être embauché, la durée hebdomadaire de travail, le repos hebdomadaire, les congés annuels, l'homogénéisation de la détermination des rémunérations pour chaque catégorie, dans chaque secteur, etc. Il n'existait pas non plus de mesures de protection sociale (pour faire face à la maladie, aux accidents de travail, à la retraite, au chômage, etc.) ni, par conséquent, de financement mutualisé pour faire face aux aléas de la vie et à la vieillesse. Dans ces temps-là, un travailleur qui ne participait pas à la réalisation de la production pour cause de maladie restait sans ressources durant tout le temps de sa maladie ; un travailleur qui avait un accident de travail l'empêchant de participer à la réalisation de la production restait sans ressources tout le restant de sa vie. Durant cette période, l'immense majorité des salariés étaient exploités et soumis au bon vouloir des entrepreneurs ou des financiers des entreprises. L'espérance de vie des salariés était alors limitée du fait des dures conditions du travail, de l'absence d'hygiène, de l'absence d'une protection sociale et du faible pouvoir d'achat réel des salariés. Ce faible pouvoir d'achat réel des salariés, par rapport au niveau de la production réalisée, était dû essentiellement aux prélèvements indus et illégitimes. Ce sont ces prélèvements qui sont à l'origine de la spoliation des travailleurs, c'était le cas hier et ça l'est toujours. *En fait, dans toute économie où il est possible de gagner de l'argent avec de l'argent et où être propriétaire des moyens de production donne un droit sur les produits, les travailleurs sont spoliés.*

2° L'apparition des lois et des règles déterminant l'âge de l'entrée dans le monde de travail et les conditions et la durée de travail date du XIXème et ces lois ont évolué durant une bonne partie du XXème siècle. Présentons quelques exemples qui concernent la France. C'est en 1841 que le travail des enfants de moins de 8 ans est interdit, que le travail des enfants de moins de 13 ans est limité à 8 heures par jour et interdit la nuit, que le travail des adolescents de moins de 16 ans est limité à 12 heures par jour et interdit le dimanche. En 1874 : le travail des enfants de moins de 13 ans est interdit. En 1892 : le travail des 13-18 ans est limité à 10 heures par jour ; le travail des femmes est limité à 11 heures par jour et interdit la nuit. En 1900 : le travail des femmes est limité à 10 heures par jour. En 1904 : la journée de travail est limitée pour tous à 10 heures. En 1905 : les employés des mines obtiennent la journée de 8 heures. En 1906 : le congé hebdomadaire limite la semaine de travail à 60 heures. En 1919 : la journée de travail est limitée à 8 heures. En 1936 : création des congés payés annuels de 12 jours ouvrables ; la semaine de travail est limitée à 40 heures. (En 1956 : création de la troisième semaine de congés payés. En 1968 : création de la quatrième semaine de congés payés. En 1980 : la semaine de travail est ramenée à 39 heures ; création de la cinquième semaine de congés payés. En 2000 : deux lois votées en 1998 et 2000 ont fixé la durée légale du temps de travail salarié à temps plein à 35 heures par semaine.)

Ces avancées sont à la fois les résultats, d'une part des luttes des travailleurs et de leurs syndicats, d'autre part des évolutions technologiques. En effet, le développement de la technologie, du fait qu'il a engendré l'amélioration de la productivité du travail (le même nombre d'heures de travail permet de produire plus) a permis de mieux en mieux satisfaire les besoins économiques. Cette situation a favorisé les revendications et facilité la réalisation de ces évolutions, en particulier pour ce qui est de la diminution de la durée du travail, journalière, hebdomadaire et annuelle.

3° Après la Seconde Guerre mondiale, l'instauration de la Sécurité sociale, les évolutions de la technologie, trois décennies de croissance soutenue (les Trente Glorieuses), le plein-emploi et les revendications des salariés ont permis d'améliorer les conditions de travail et de stabiliser l'emploi. De la fin de la Seconde Guerre mondiale au début des années 1970, on ne parlait pas de temps partiel imposé ni de flexibilité du travail. En fait, les nouveaux demandeurs d'emploi qui se présentaient sur le marché du travail et les travailleurs qui souhaitaient changer d'emploi pouvaient en trouver un sans grande difficulté. Durant cette période, les contrats à durée déterminée faisaient exception. Toutefois, même durant cette période, la spoliation des travailleurs a perduré.

Dans les pays industrialisés, des débuts de l'industrialisation aux années 1970, au fur et à mesure que prenaient corps les revendications et les luttes des travailleurs, les conditions de travail, dans la plupart des secteurs, se sont grandement améliorées, la durée annuelle du travail a diminué et la durée des congés payés a augmenté. C'est l'évolution technologique qui a facilité la réalisation de ces améliorations. La majorité de ces pays sont parvenus à réaliser le plein-emploi. En fait, le taux de chômage était arrivé à un niveau considéré comme satisfaisant (c'est ce qu'on appelle le taux de chômage frictionnel). La majorité des contrats de travail était à durée indéterminée et les contrats à durée déterminée faisaient exception. La croissance de l'économie permettait de satisfaire de mieux en mieux les besoins économiques de la population, la société de production-consommation était en marche. Les décisions prises en faveur des travailleurs pouvaient laisser croire que les salariés étaient entrés dans une phase leur permettant enfin l'accès à une ère où ils pourraient travailler pour vivre. Mais ces décisions et évolutions masquaient aussi les effets néfastes des prélèvements indus et illégitimes exercés sur le pouvoir d'achat réel des travailleurs. Durant toutes ces périodes, d'une part l'antagonisme entre les travailleurs et les financiers des entreprises a persisté, d'autre part la croissance économique s'est réalisée sans que l'on se soucie de ses conséquences néfastes sur les ressources naturelles ni de la pollution de la planète.

4° La désillusion pour les travailleurs a commencé à apparaître à partir des années 1970. Les pays industrialisés ont vu alors fléchir le taux de croissance de leur économie et son corollaire, le chômage et l'aggravation de la situation de l'emploi. Quelques économistes et politiques ont tenté d'expliquer ce revirement.

Certains ont voulu voir la cause de ce revirement dans l'augmentation du prix du pétrole. D'autres ont accusé et accusent toujours le marché de l'emploi qui, selon eux, était et est toujours, pensent-ils, trop rigide. Ils prétendent que les travailleurs ne sont pas suffisamment mobiles, que le niveau des rémunérations des travailleurs était et est encore trop élevé, que le coût du travail (salaire plus cotisations) était et est toujours trop élevé, etc. Ils ont donc proposé l'instauration de toutes sortes de flexibilités du travail, dont les contrats à durée déterminée, le temps de travail partiel imposé, la facilité de licenciement de ceux qui ont un contrat de travail à durée indéterminée, etc. Les gouvernants ont diminué les cotisations patronales, en suivant le conseil de ces soi-disant experts. Or, force est de constater que l'application de ces mesures n'a pas amélioré la situation de l'emploi, qui s'est au contraire aggravée d'année en année. En outre, l'application de ces mesures a engendré une situation de précarité pour les travailleurs qui ont un emploi, l'éclatement des familles dû au chômage, à la précarité et à la mobilité. Cette situation ne permet pas aux chômeurs, aux travailleurs précaires, aux travailleurs mobiles de construire des projets d'avenir. Il est évident que ces mesures ne sont pas susceptibles d'améliorer la situation de l'emploi, car elles ne s'attaquent pas à la racine du mal. En fait elles ont engendré un retour en arrière où non seulement les conditions de travail se sont dégradées, mais aussi où les travailleurs sont devenus une variable d'ajustement pour les entreprises.

En réalité, les économistes qui ont proposé ces mesures et les politiques qui les ont appliquées ne se sont pas posé la question de savoir si ces mesures pourraient, par exemple, permettre à la France de créer trois millions d'emplois. Ils ne se sont pas posé la question de savoir pourquoi les économies de ces pays sont passées d'une situation de plein-emploi à une situation de sous-emploi. Ils ne se sont pas posé la question de savoir pourquoi les financiers des entreprises ont délocalisé leur production et leurs entreprises. Si l'on n'est pas capable de répondre valablement à ces questions, on ne peut pas prétendre apporter de vraies solutions et toutes les mesures prises pour rétablir le plein-emploi sont vouées à l'échec. Il faut savoir qu'en fait ce sont les délocalisations qui ont été la principale cause du fléchissement de la croissance et de l'aggravation de la situation de l'emploi dans les pays dits industrialisés. Elles ont commencé dans les années 70 et elles se sont largement amplifiées à partir des années 80, conséquence, d'une part de la libre circulation des capitaux financiers de par le monde, imposée par le FMI, d'autre part de la libre circulation des marchandises, imposée par l'OMC, enfin des taux de change arbitraires dont la responsabilité incombe, elle aussi, au FMI. Dans les deux premiers cas, les dirigeants de ces deux organisations, avec le consentement des dirigeants de ces pays, ont cédé aux exigences des financiers. Le troisième cas résulte de l'application de la théorie néoclassique qui considère la monnaie comme un bien, avec pour conséquence le fait que les taux de change, comme le prix des monnaies, sont déterminés sur le marché par l'offre et la demande des monnaies. Or, la monnaie n'est pas un bien et elle ne peut pas être considérée comme tel.

Des débuts de l'industrialisation aux années 70, les travailleurs ont été spoliés et exploités, même si durant une partie de cette période il y a eu une amélioration des conditions de travail, une diminution du temps de travail et une relative sécurité de l'emploi. Depuis les années 70, les travailleurs ont continué à être spoliés et exploités, mais en outre les conditions de travail se sont dégradées, ceux qui ont un emploi se trouvent dans une situation de plus en plus précaire et une partie de plus en plus grande de la population est mise au chômage. Or, nous verrons que ces situations ne sont pas des fatalités, elles sont les conséquences d'un fonctionnement de l'économie régi par des règles arbitraires.

III. Les consommateurs trompés

Dans une société où le fonctionnement de l'économie est régi par des règles arbitraires et où il est possible de gagner de l'argent avec de l'argent, certains feront tout pour en gagner toujours davantage et quelles qu'en soient les conséquences à tous les niveaux. Dans cette société, les consommateurs peuvent être trompés sur la qualité des marchandises (même sur la qualité des médicaments) et des services. Actuellement, la qualité de certains produits n'est pas celle que les consommateurs sont en droit d'attendre. Ces consommateurs sont donc amenés, sur des durées de plus en plus courtes, soit à faire réparer les produits achetés, soit à remplacer certaines pièces, ce qui amplifie la vente des produits et des pièces détachées. Ils sont trompés sur la qualité des produits dont certaines pièces ont une durée de vie programmée, quand ce n'est pas la durée de vie du produit tout entier qui est programmée. Ils sont obligés de remplacer périodiquement ces pièces ou les produits concernés. Or, si ces situations sont favorables aux financiers des entreprises qui agissent de la sorte, en revanche, elles ne sont favorables ni aux consommateurs, qui se font piéger, ni aux ressources naturelles qui sont ainsi gaspillées. Dans une telle société, ce qui est encore plus grave, c'est que les consommateurs sont trompés même sur la qualité des produits alimentaires et pharmaceutiques, ce qui met la santé de la population en danger et augmente donc les dépenses de santé.

Les consommateurs sont aussi trompés par la théorie actuellement dominante, qui fait croire que le marché libre et concurrentiel leur est favorable. La théorie néoclassique, dont l'un des fondateurs est Walras, prétend que la concurrence annule le profit et qu'elle augmente donc le pouvoir d'achat réel des consommateurs. Cette affirmation est mensongère. Dans cette théorie, le produit est partagé entre les travailleurs et les propriétaires des moyens de production ou les financiers des entreprises. La théorie néoclassique légitime donc le fait de pouvoir gagner de l'argent avec de l'argent, le fait de pouvoir spolier les consommateurs. Les néoclassiques passent sous silence une réalité absolue : c'est le profit (qui représente une partie du revenu des travailleurs captée par les entreprises) qui permet de verser des dividendes et les intérêts des emprunts contractés par les entreprises. Dans cette économie, les financiers des entreprises ont la possibilité de tout faire, selon leurs moyens financiers, pour créer des monopoles ou quasi-monopoles, afin d'imposer leur prix et de réaliser plus de profit. Par exemple, la publicité leur permet de créer une concurrence déloyale afin d'écarter les entreprises concurrentes. Les financiers de certaines entreprises peuvent aussi acheter les entreprises concurrentes. Ces financiers des pays dits industrialisés peuvent créer une concurrence inégale en délocalisant leurs entreprises dans les pays dont les monnaies sont sous-évaluées par rapport à la monnaie de leur pays d'origine. L'objectif de ces financiers est de réaliser des produits dans les pays où ils implantent leurs entreprises, pour les vendre dans les pays d'origine de leur financement. Cette situation fait apparaitre une concurrence inégale entre les produits réalisés dans les pays dits industrialisés et les produits réalisés dans les pays où les monnaies sont sous-évaluées. Cette concurrence est devenue l'une des principales causes de la faillite des entreprises des pays dits industrialisés. Les délocalisations et la faillite des entreprises aggravent la situation de l'emploi dans ces pays, ce qui n'est pas favorable à leurs travailleurs qui sont aussi des consommateurs.

Pour amplifier la société de consommation, et donc pour augmenter la production afin de réaliser davantage de profit, on fait croire que, pour vivre mieux, pour vivre plus heureux, il faut amasser de plus en plus de biens matériels. Non seulement ces affirmations sont douteuses, mais aussi et surtout cette société de consommation représente un danger pour l'avenir de la planète.

IV. Les entrepreneurs à la recherche du plus haut revenu ou du plus grand profit par tous les moyens

Les entrepreneurs individuels doivent pouvoir vivre de leur revenu. Ils doivent pouvoir améliorer et augmenter leurs outils de travail. Les entreprises salariales doivent pouvoir améliorer et augmenter leurs moyens de production. C'est pourquoi, dans une économie d'évolution, le profit est nécessaire pour ces entreprises. En effet, c'est le profit qui permet aux entreprises salariales de financer les nouveaux investissements afin d'augmenter leur production. Le problème est de savoir si le revenu des dirigeants des entreprises est déterminé loyalement, si le profit des entreprises est réalisé dans le respect des consommateurs et s'il est destiné à financer de nouveaux investissements.

Dans cette section nous nous intéresserons à trois sortes d'entrepreneurs : les entrepreneurs individuels (artisans et professions libérales), les entrepreneurs qui emploient des salariés et qui sont propriétaires des moyens de production de leur entreprise, enfin les entrepreneurs qui emploient des salariés et qui sont au service des financiers de leurs entreprises. L'objectif est de démontrer que dans un monde où l'on fait croire que les entreprises ont besoin des financiers et que la valeur sociale des individus est proportionnelle au montant de l'argent qu'ils gagnent, certains n'hésitent pas à employer tous les moyens pour gagner toujours plus.

IV.1. Les entrepreneurs individuels à la recherche du plus haut revenu

Jadis la devise et la fierté de la majorité des artisans étaient de réaliser un travail bien fait. Ils étaient fiers de voir leurs clients-consommateurs satisfaits. Actuellement une partie des artisans, afin de gagner plus d'argent, n'hésitent pas à bâcler un travail ou une intervention, voire à réaliser un travail non nécessaire. Jadis les professions libérales avaient comme objectif de mieux satisfaire leurs clients ou leurs patients. Il en était ainsi, par exemple, de l'immense majorité des médecins qui choisissaient ce métier afin de servir véritablement les malades, dans la limite des connaissances de leur époque. Or, actuellement certains membres des professions libérales, pour gagner plus d'argent, n'hésitent pas à multiplier les actes et les interventions. Actuellement, certains avocats, certains fiscalistes, etc. se mettent à la disposition de certaines catégories et entreprises pour montrer comment détourner "légalement" les lois en faveur de leurs clients. Ces artisans et professions libérales ne se préoccupent pas de savoir si leurs clients-consommateurs, leurs patients, etc. sont véritablement satisfaits ou si leurs actes ne sont pas préjudiciables à la société, ce qui les préoccupe le plus, c'est de gagner toujours plus. Il est vrai que, si un petit nombre agissait de la sorte, les consommateurs, patients, etc. avertis pourraient les éviter, mais lorsqu'un grand nombre d'artisans et de professions libérales agissent de la sorte, les consommateurs, patients, etc. sont pris au piège.

IV.2. Les entrepreneurs qui sont propriétaires des moyens de production de leur entreprise et à la recherche du plus grand profit par tous les moyens

Ces entrepreneurs sont les financiers de leur entreprise et ils emploient des travailleurs salariés. Ils servent les consommateurs et leur pays lorsqu'ils réalisent des produits de bonne qualité et utilisent la totalité du profit de leur entreprise à financer de nouveaux investissements. Or, ces deux exigences sont de moins en moins respectées. La majorité de ces entrepreneurs confondent le profit de leur entreprise et leur propre revenu. Ils n'utilisent donc pas la totalité du profit de leur entreprise pour financer de nouveaux investissements. Ils ne voient pas ou ils passent sous silence le fait que le profit représente une partie du revenu des travailleurs captée par les entreprises.

Certains de ces entrepreneurs placent le profit de leur entreprise et les montants représentant l'amortissement du capital sur les marchés financiers pour réaliser des spéculations dont le taux de rentabilité peut être supérieur au taux de profit qu'ils auraient pu en tirer s'ils avaient utilisé ce profit pour financer de nouveaux investissements. Durant la période où le profit est destiné à la spéculation, cette façon d'utiliser le profit devient une cause d'insuffisance de la demande globale, une cause de faillite de certaines entreprises et donc une cause d'aggravation de la situation de l'emploi dans les pays dont les entrepreneurs agissent de la sorte. Les entrepreneurs qui agissent ainsi ne servent pas leur pays Certains de ces entrepreneurs ne souhaitent pas augmenter la taille de leur entreprise. Ils placent le profit de leur entreprise sur le marché financier et ils tirent une partie de leur revenu de leurs placements financiers effectués à l'extérieur de leur entreprise. Dans ce cas, ils gagnent de l'argent avec de l'argent.

Le fonctionnement de l'économie actuelle menace l'avenir de ces entreprises et même l'avenir de ces entrepreneurs en tant que tels. Certaines de ces entreprises disparaissent car elles ne résistent pas à la concurrence des quasi-monopoles constitués dans leur secteur, d'autres, en revanche, sont susceptibles d'être achetées par les financiers des entreprises concurrentes ou par les fonds de pension, lorsqu'elles sont considérées comme suffisamment rentables ou pour diminuer la concurrence dans leur secteur.

IV.3. Les entrepreneurs au service de leurs maîtres : les financiers

Ces dirigeants d'entreprises sont à la recherche d'une rentabilité maximale pour servir et satisfaire la principale exigence des financiers de leur entreprise. Pour encourager les entrepreneurs-gestionnaires dans cette voie, les financiers sont prêts à leur accorder des salaires parfois indécents, ainsi que toutes sortes de primes et avantages. Ils sont prêts à augmenter leurs salaires et primes en fonction de la rentabilité qu'ils tirent de leurs placements. Ils leur font miroiter l'effet du Veau d'Or. La société de consommation, la libre circulation des marchandises et des capitaux financiers de par le monde, la possibilité de délocaliser et toutes sortes de spéculations permettent aux entrepreneurs qui sont attirés par le Veau d'or de tout faire pour réaliser des taux de rentabilité qui satisferont les financiers de leurs entreprises.

La société de consommation et la publicité, pour faire connaître le nom et la marque des entreprises, permettent même aux entrepreneurs de réaliser des produits dont la durée de vie est limitée, des produits à l'obsolescence programmée. Cette combinaison leur permet d'augmenter la production et les ventes, donc les profits et par conséquent d'améliorer la rentabilité des placements de leurs maîtres. Nous l'avons vu, une telle société de consommation n'est pas favorable aux consommateurs. Elle n'est pas favorable non plus à l'avenir de la planète, car elle engendre le gaspillage des ressources naturelles et augmente la pollution. Ces entrepreneurs licencient une partie de leurs salariés afin de diminuer le coût salarial et d'augmenter le profit de leurs entreprises. Cette situation n'est pas favorable aux salariés qui perdent leur emploi, mais elle n'est pas non plus favorable aux salariés qui restent en place, car ils voient leurs conditions de travail se dégrader. En outre, la libre circulation des marchandises et des capitaux financiers offre aux financiers la possibilité de délocaliser leur production dans les pays émergents ou en développement. Le choix des pays où les entreprises délocalisées s'implantent n'est pas neutre, il est dû au fait que leurs monnaies sont sous-évaluées. Mais, dans un premier temps, les délocalisations concernent les entreprises qui réalisent des produits dont la production ne nécessite pas une main-d'œuvre qualifiée, ensuite elles s'intensifient et se généralisent à toutes sortes de produits au fur et à mesure que la main-d'œuvre, de plus en plus qualifiée dans ces pays, peut utiliser des techniques de production de plus en plus avancées. Les produits réalisés dans ces pays sont vendus, en grande partie ou en totalité, dans les pays où les monnaies sont largement surévaluées par rapport aux monnaies des pays émergents et en développement où ces entreprises sont implantées. Cette différence de taux de change permet aux entreprises qui délocalisent leur production ou leur entreprise de réaliser des taux de profit très élevés et donc d'améliorer significativement la rentabilité des placements des financiers de ces entreprises.

Ces entrepreneurs n'ont que faire des conséquences néfastes des délocalisations pour leur pays d'origine, pour les pays où elles s'implantent, pour les travailleurs des pays concernés et pour l'avenir de la planète. Les délocalisations sont la principale cause de l'aggravation de la situation de l'emploi dans les pays qui se trouvent être à l'origine du financement des entreprises délocalisées. Elles deviennent l'une des causes du pillage des pays où ces entreprises s'implantent, donc l'une des causes de l'exploitation et de la spoliation des travailleurs de ces pays. Précisons que les dirigeants de ces entreprises, pour préserver ou améliorer leur marge de profit, n'hésitent pas à quitter un pays émergent pour un autre où la monnaie est davantage sous-évaluée. En fait, les règles arbitraires qui régissent actuellement le fonctionnement des économies nationales et de l'économie internationale permettent aux entrepreneurs de prendre les travailleurs pour une variable d'ajustement dans tous les pays où sont implantées leurs entreprises. Précisons encore que dans les pays où ces entreprises s'implantent, les travailleurs sont employés dans des conditions parfois inhumaines. Précisons enfin que les dirigeants des pays où ces entreprises s'implantent ne se préoccupent ni des conditions de travail de leurs travailleurs ni de l'avenir de leur pays ni de celui de la planète mise à mal par l'emploi de modes de production inhumains et polluants. Enfin, le transport des produits de ces entreprises de par le monde engendre un immense gaspillage d'énergie et une grande pollution. On voit bien que de tels entrepreneurs ne tiennent pas compte des conséquences néfastes de leurs actes pour le pays d'origine des entreprises, pour les travailleurs de ces pays, pour les pays où ils implantent leurs entreprises, pour les travailleurs de ces pays et pour l'avenir de la planète.

Par ailleurs ces entrepreneurs placent une partie du profit de leurs entreprises et les montants représentant l'amortissement du capital de leurs entreprises sur les marchés financiers pour réaliser des spéculations. Ils prennent cette décision lorsqu'ils pensent que le taux de rentabilité de ces placements spéculatifs peut être supérieur au taux de profit escompté par leurs entreprises, sans tenir compte des conséquences néfastes de ces placements sur l'emploi, comme nous l'avons vu.

Les conseils d'administration de ces grandes entreprises sont consanguins, car le conseil d'administration de chacune de ces entreprises est constitué par les dirigeants d'autres entreprises. Ainsi ces dirigeants peuvent-ils s'accorder des rémunérations et avantages exorbitants avec la bénédiction de leurs financiers. L'ensemble de ces situations est révélateur d'une société où il est possible de gagner de l'argent avec de l'argent et où, par conséquent, la tentative de vouloir gagner toujours plus d'argent, à tout prix, l'emporte sur la responsabilité morale de ceux qui agissent de la sorte.

V. Les financiers, maîtres des décisions des entreprises

Nous l'avons vu, les économies nationales et l'économie internationale sont régies par des règles arbitraires. Ces règles changent en fonction des rapports de force et des intérêts en jeu. La force étant du côté des financiers, les règles, au niveau national comme au niveau international, leur sont de plus en plus favorables, car ils sont devenus de plus en plus puissants. Pour justifier l'établissement de règles de plus en plus favorables aux financiers, on fait croire que les financiers sont indispensables pour réaliser des investissements et donc pour créer des emplois.

Comment est-on parvenu à faire croire que les financiers sont indispensables dans une économie de croissance ? La théorie néoclassique, qui est actuellement la théorie dominante, n'est pas compatible avec le profit à l'équilibre présenté par le système néoclassique, avec l'équilibre dit walrasien. Par conséquent, selon cette théorie, l'épargne des particuliers devient une nécessité absolue dans une économie de croissance, car elle constitue la source du financement des nouveaux investissements, du capital. La théorie néoclassique établit donc une relation entre le niveau de l'épargne destinée aux entreprises et le niveau des investissements. Ainsi, pour augmenter les investissements, il faut augmenter l'épargne et, pour augmenter l'épargne, il faut récompenser les épargnants en leur accordant une part du produit, soit proportionnellement au montant de l'épargne de chaque épargnant (taux d'intérêt), soit selon la productivité marginale du capital. C'est ainsi que cette théorie tente de justifier et donc de légitimer le fait de pouvoir gagner de l'argent avec de l'argent.

Mais les réponses aux quatre questions suivantes vont nous permettre de marquer l'incohérence de la théorie néoclassique, sa limite absolue et son objectif partisan.

1° *Pour justifier la nécessité de l'épargne destinée aux entreprises afin de financer les investissements, la théorie néoclassique établit-elle une relation entre l'augmentation des investissements, la croissance économique et l'amélioration de la situation de l'emploi* ?

Les néoclassiques constatent la nécessité d'augmenter les investissements pour favoriser la croissance économique. Ils constatent aussi que la croissance améliore la situation de l'emploi. Mais la théorie néoclassique n'établit de relation ni entre l'augmentation des investissements et la croissance économique, ni entre l'augmentation des investissements et l'amélioration de la situation de l'emploi. En effet, cette théorie suppose qu'il est possible d'employer n'importe quelle quantité de travail sur une quantité donnée de capital. Par conséquent, dans le cadre de la théorie néoclassique, l'augmentation de l'épargne pour augmenter le capital n'apparaît ni comme une nécessité absolue pour augmenter la production, ni comme une nécessité absolue pour améliorer la situation de l'emploi. En fait, les néoclassiques ne sont pas à une contradiction près car la théorie néoclassique n'a pas de fondement rationnel.

2° *La théorie néoclassique permet-elle d'expliquer le désendettement des entreprises vis-à-vis des épargnants* ?

Par définition, le profit seul permet aux entreprises de se désendetter. Or, nous l'avons vu, le profit n'est pas compatible avec le système néoclassique à l'équilibre. Cette incompatibilité fait apparaître l'impossibilité de se désendetter pour les entreprises, ce qui implique donc l'endettement perpétuel des entreprises. Il en résulte que, dans le système d'analyse néoclassique, l'épargne destinée aux entreprises devient une source de revenu perpétuel pour les épargnants et leurs ayants droit. L'endettement perpétuel des entreprises met les néoclassiques face au problème qui est de savoir comment les épargnants peuvent récupérer leur épargne prêtée aux entreprises. Pour résoudre ce problème, les néoclassiques proposent un marché financier, la Bourse, qui met en rapport les nouveaux épargnants et les épargnants vendeurs de titres (actions et obligations). Sur ce marché, les nouveaux épargnants remplacent les épargnants qui souhaitent retirer leur épargne prêtée aux entreprises. En d'autres termes, il n'y a pas de désendettement des entreprises, il y a substitution des créanciers, puisque les nouveaux épargnants achètent les créances des anciens épargnants sur les entreprises. Ce marché devient aussi un lieu de spéculation sur les titres, cela du fait que les prévisions de rentabilité des épargnes placées dans les différentes entreprises ne sont pas les mêmes. Par exemple, lorsque les prévisions d'augmentation du profit d'une entreprise sont annoncées, le prix des actions de l'entreprise augmente ou lorsque les prévisions de diminution du profit d'une entreprise sont annoncées, le prix des actions de l'entreprise diminue. Toutefois, en introduisant la Bourse, les néoclassiques tentent de montrer comment certains épargnants peuvent récupérer leur mise. Mais ils ne résolvent pas le problème de l'endettement perpétuel des entreprises. En réalité, une théorie qui n'est pas compatible avec le profit non seulement ne peut pas expliquer le désendettement des entreprises, mais elle ne peut pas non plus expliquer comment les entreprises peuvent verser des dividendes et intérêts aux épargnants. Or, les entreprises les versent bel et bien.

En fait, les néoclassiques, en faisant croire que l'épargne est la source du financement du capital, sont amenés à favoriser l'épargne des particuliers destinée aux entreprises. Or, la théorie néoclassique ne permet pas de constater les réalités suivantes : au fur et à mesure que l'épargne destinée aux entreprises augmente, le profit des entreprises diminue ; au fur et à mesure que l'endettement des entreprises augmente, la part du profit destinée à payer les épargnants augmente. Par conséquent, dans le système néoclassique les entreprises deviennent de plus en plus dépendantes des épargnants et des marchés financiers. Cette situation favorise surtout les titulaires de hauts revenus, car ce sont eux qui ont la plus grande capacité à épargner. Les grands épargnants sont devenus des grands financiers et des grands possesseurs d'obligations et surtout d'actions des entreprises. Ils deviennent membres dominants des conseils d'administration des entreprises. Aussi, pour atteindre leur principal objectif, ils sont susceptibles d'influencer et même d'imposer la marche à suivre aux entreprises où ils sont présents ou représentés. La rentabilité maximale à tout prix constitue leur premier objectif et nous avons vu comment ils agissent pour atteindre cet objectif, par exemple, en trompant les consommateurs ou en délocalisant leur production ou leurs entreprises.

Les grands financiers peuvent constituer des entreprises dominantes et écarter leurs concurrents, afin de constituer des monopoles ou quasi-monopoles. Cette situation n'est favorable ni aux entrepreneurs individuels ni aux travailleurs ni aux consommateurs. Dès lors qu'ils pensent que la rentabilité de leurs placements dans une entreprise n'est pas suffisante et même si cette insuffisance de rentabilité ne met pas en danger l'avenir de l'entreprise, ils peuvent prendre des décisions mettant en danger l'avenir de l'entreprise et de ses travailleurs. Ils peuvent prendre la décision de ne plus utiliser le montant du profit et le montant représentant l'amortissement du capital pour investir dans l'entreprise considérée. Ils peuvent utiliser ces montants représentant le profit et l'amortissement pour récupérer leurs mises, ce qui fragilise l'entreprise et met en danger son avenir et l'avenir de ses travailleurs. En effet, dans une économie de concurrence, une entreprise qui n'investit plus et surtout ne remplace pas ses capitaux devenus obsolètes est condamnée à disparaître. Ils peuvent prendre la décision de délocaliser leurs entreprises. Cette décision a pour conséquence la mise au chômage des travailleurs de ces entreprises. Ils peuvent prendre la décision de se retirer d'une entreprise en vendant leurs parts, de récupérer ainsi leurs mises pour les placer dans des entreprises qui existent et qui sont plus rentables. Cette décision fragilise l'entreprise concernée, car les marchés financiers lui feront moins confiance.

Nous constatons que les grands financiers ne s'intéressent ni aux entreprises ni aux consommateurs et qu'ils sont indifférents à la situation et au devenir des travailleurs. Ce qui les guide, lorsqu'ils mettent la main sur les entreprises, c'est le niveau de rentabilité de leurs placements. Précisons que les petits épargnants deviennent les défenseurs et complices des grands financiers, du seul fait qu'eux aussi veulent pouvoir gagner de l'argent avec de l'argent. Mais les petits épargnants, qui sont des salariés, des artisans ou des professions libérales, ne voient pas que ce qu'ils gagnent en plaçant leur épargne représente une partie du montant qu'ils ont perdu du fait des prélèvements indus et illégitimes qui constituent la source dans laquelle sont puisés les dividendes et intérêts qui leur sont versés.

3° *La théorie néoclassique permet-elle de déterminer la part du produit qui revient au capital, c'est-à-dire aux épargnants* ?

Le problème est de savoir si la théorie néoclassique parvient à déterminer comment les entreprises versent aux épargnants des intérêts et dividendes. La théorie néoclassique considère qu'il existe plusieurs facteurs ou causes de production. Elle est donc obligée de déterminer la part du produit qui revient à chaque facteur. Dans cette théorie, la part de chaque facteur est déterminée par sa productivité marginale qui est elle-même déterminée par la dérivée de la fonction de production néoclassique. Pour déterminer la productivité marginale, les néoclassiques sont obligés de supposer que les facteurs de production sont substituables. Cette hypothèse signifie que sur une quantité donnée d'un facteur, considéré comme fixe, il est possible d'employer n'importe quelle quantité d'un autre facteur, considéré comme variable. Au fur et à mesure que la quantité du facteur variable augmente sur le facteur fixe, la productivité et donc la rémunération du facteur variable diminue, alors que la productivité et donc la rémunération du facteur fixe augmente. Cette hypothèse signifie, par exemple, qu'un tracteur (capital, facteur fixe) peut être conduit, à la fois, par plusieurs cultivateurs (travail, facteur variable), ce qui est un non-sens. Cet exemple permet de marquer le caractère mensonger et donc trompeur de la théorie néoclassique de la détermination de la rémunération des facteurs de production. Pourtant c'est bien cette théorie qui domine actuellement l'enseignement de l'économie dans le monde et qui "guide" les dirigeants politico-économiques de par le monde. En fait, une grande partie des enseignants ne prennent pas la peine de vérifier la portée et les limites des théories qu'ils enseignent. Leur paresse intellectuelle les amène à faire confiance aux revues qui présentent ces théories et à la propagande menée par des organes d'information qui les mettent en valeur pour les imposer.

4° *Même dans une économie d'évolution, l'épargne des ménages destinée aux entreprises pour financer les nouveaux investissements est-elle une nécessité absolue* ?

En fait, lorsque l'épargne destinée aux entreprises est nulle, le profit des entreprises est maximal. Le montant du profit maximal des entreprises considérées dans leur ensemble est un montant nécessaire et suffisant pour financer l'achat des biens capitaux réalisés dans chaque pays considéré. Il en résulte que l'épargne destinée aux entreprises n'est pas une nécessité absolue. Par conséquent, les entreprises considérées dans leur ensemble n'ont besoin ni des petits épargnants ni des grands financiers. En réalité, les dirigeants politiques et économiques qui prennent des décisions pour favoriser l'épargne destinée aux entreprises ne favorisent pas les entreprises mais ceux qui veulent gagner de l'argent avec de l'argent.

Enfin, le constat suivant permet de marquer la limite absolue de l'affirmation des néoclassiques selon laquelle le profit est nul à l'équilibre de leur système. Nous l'avons vu, c'est cette fausse affirmation qui fait considérer l'épargne destinée aux entreprises comme une nécessité absolue dans une économie d'évolution. Les néoclassiques, qui fondent leur théorie sur des constats, sont obligés, dans ce cas, de passer sous silence une réalité économique : le profit existe et il est une nécessité absolue dans une économie d'évolution. En effet, c'est le profit qui permet aux entreprises de se désendetter, de verser les dividendes des actionnaires et de payer des intérêts aux détenteurs des obligations. Or, le profit ne doit pas être destiné à verser des dividendes ni à payer des intérêts. Le profit représente une partie du revenu des travailleurs captée par les entreprises, il en résulte que les travailleurs sont spoliés lorsque le profit est utilisé à payer des dividendes et intérêts. Le profit étant une partie du revenu des travailleurs, il doit être destiné uniquement à financer l'achat des biens capitaux réalisés dans chaque pays considéré.

VI. La financiarisation de l'économie a permis aux financiers de devenir les maîtres du monde

D'une part l'exigence des grands financiers, d'autre part l'influence de la théorie actuellement dominante sur les dirigeants des pays et sur les dirigeants des organisations internationales se trouvent être à l'origine de la financiarisation des économies nationales et de l'économie internationale. Cette financiarisation a favorisé les grands financiers qui sont devenus les maîtres du monde. Actuellement ils maîtrisent les marchés financiers et les spéculations sur ces marchés. Ils dominent le marché des matières premières et les spéculations sur ce marché. Ils spéculent sur le marché des produits alimentaires et créent, parfois, des pénuries artificielles pour tirer le prix de ces produits vers le haut. Ils spéculent sur le marché monétaire pour réaliser des plus-values spéculatives en faisant varier les taux de change. Ils maîtrisent une grande partie du commerce international, essentiellement à travers les entreprises dites multinationales. Leurs actions et donc leur puissance se sont considérablement amplifiées dans l'ensemble de ces domaines depuis l'établissement de la libre circulation des capitaux financiers et des marchandises de par le monde. Leurs actions échappent au contrôle des pays, car les règles qui régissent le fonctionnement de ces marchés sont arbitraires. La section suivante nous permettra de constater l'importance de l'influence des financiers sur les décisions des dirigeants politico-économiques au niveau national et sur le choix et les décisions des dirigeants des organisations internationales.

VII. Les dirigeants politiques nationaux et les dirigeants des organisations internationales au service des financiers

Les grands financiers sont devenus des faiseurs de rois, au niveau national comme au niveau international, grâce à l'importance de leurs moyens financiers, grâce à leur mainmise sur les organes d'information, sur les organismes de communication et grâce à la puissance de leurs lobbies bien choisis, bien placés et bien payés. C'est pourquoi ils sont devenus des manitous qui influencent l'élection des dirigeants au niveau national et le choix des dirigeants des organisations internationales. Une fois mis en place les dirigeants qui leur sont favorables ou qui sont leurs obligés, ils peuvent influencer leurs décisions. Ils ont la possibilité d'agir de la sorte, car les règles qui régissent actuellement le fonctionnement des économies nationales et de l'économie internationale sont arbitraires. Elles sont donc susceptibles de changer, dans ce cas, sous l'influence des grands financiers et en leur faveur. C'est ainsi, par exemple, qu'ils ont exigé et obtenu la libre circulation des capitaux financiers et des marchandises à travers le monde, ce qui augmente encore leur puissance de menaces sur les dirigeants politico-économiques lorsque les décisions de ces derniers ne leur sont pas favorables. A travers d'autres exemples, nous allons évoquer quelques cas qui permettent de confirmer et de mettre en évidence ces affirmations.

Lorsque les dirigeants d'un pays décident d'augmenter les impôts qui touchent les grands financiers, ces derniers menacent de placer leur argent dans d'autres pays qui leur sont plus favorables. Ils peuvent mettre leur menace à exécution, car ils ont exigé et obtenu la règle arbitraire qui impose la libre circulation des capitaux financiers. Cette menace fait reculer les dirigeants qui, eux-mêmes ou leurs conseillers, sont formés dans le cadre de la théorie néoclassique qui fait croire que l'épargne, donc les grands financiers, sont une nécessité absolue pour financer les investissements dans leur pays. Or, c'est le grand mythe que la théorie dominante a réussi à imposer, mais c'est une imposture.

Les financiers des entreprises peuvent menacer de déplacer les sièges sociaux de leurs établissements pour les placer dans des pays où les taux d'imposition sur le profit de leurs entreprises leur sont plus favorables. Cette menace aussi fait reculer les dirigeants des pays concernés car ils veulent éviter que leurs recettes fiscales diminuent.

Les grands financiers des entreprises se sont opposés et s'opposent toujours aux décisions concernant les avancées sociales, telles que par exemple, le financement de la protection sociale par les entreprises, l'amélioration des conditions de travail, la diminution du temps de travail, les contrats de travail à durée indéterminée, les conditions de licenciement favorables aux travailleurs, l'indemnisation des licenciés, le salaire minimum, etc. Dans la majorité des cas, ce sont les luttes des travailleurs et de leurs syndicats qui ont obligé les dirigeants à prendre des mesures pour satisfaire leurs revendications, même si le plus souvent une partie seulement de leurs revendications étaient et sont satisfaites, car les dirigeants politico-économiques étaient et sont toujours aussi sous la pression et les menaces des financiers. En fait, ces grands financiers pensaient et ils pensent toujours que de telles mesures (les avancées sociales) font augmenter le coût du travail et donc pénalisent les entreprises et leurs financiers dans les pays où ces mesures sont appliquées. Ils pensent que ces mesures vont faire baisser le profit des entreprises et donc leurs dividendes. Cette résistance est due au fait qu'on a fait croire que les rémunérations monétaires du travail et du capital étaient complémentaires. En d'autres termes, cette complémentarité fait croire que, lorsque la rémunération monétaire du travail ou coût salarial augmente, la rémunération du capital diminue. Cette complémentarité entre les rémunérations monétaires du travail et celles du capital est due au fait que la théorie néoclassique, depuis plus d'un siècle, affirme et fait croire qu'il existe plusieurs facteurs de production, travail, capital, etc. Or, cette affirmation est fausse, nous l'avons vu, c'est le profit qui permet aux entreprises de verser des dividendes et de payer des intérêts à ceux qui sont considérés comme les propriétaires du capital. Rappelons que, dans une économie salariale, le revenu est formé à la production dans l'acte de la rémunération des travailleurs et le profit est réalisé au moment des échanges. Le profit représente donc une partie du revenu des travailleurs captée par les entreprises.

Quel est le but des revendications des travailleurs ? Sont-elles légitimes ? Sont-elles réalisables ? Les travailleurs souhaitent vivre mieux, travailler pour vivre, ne plus vivre pour travailler, ne plus être exploités, ne plus être spoliés, pouvoir être protégés face aux aléas de la vie grâce à la protection sociale, etc. Ces revendications sont légitimes. Elles sont réalisables. Les travailleurs vivront mieux et travailleront pour vivre lorsqu'ils ne seront plus spoliés ni exploités. Ils ne seront plus spoliés, lorsque seront écartés les prélèvements indus et illégitimes. Ils ne seront plus exploités, lorsque la concurrence déloyale n'existera plus à l'intérieur des pays et lorsque la concurrence inégale sera écartée entre les pays. Ils seront mieux protégés face aux aléas de la vie, lorsque sera établie une véritable protection sociale. Nous verrons que ces revendications seront réalisées lorsque seront appliquées les règles du fonctionnement normal de l'économie nationale et de l'économie internationale.

Quel est le but de la résistance des grands financiers face aux revendications des travailleurs ? Cette résistance est-elle légitime ? La résistance des grands financiers a pour objectif de préserver leurs intérêts pécuniaires. Ils pensent que la satisfaction de ces revendications augmente le coût de production et diminue le taux de profit, donc leurs dividendes. Nous l'avons vu, cette façon de penser résulte essentiellement de la théorie néoclassique qui établit une complémentarité entre salaire et profit. Or, si les revendications des travailleurs sont légitimes, pour les raisons que nous venons d'évoquer et du fait que le travail est la cause de la production, en revanche, la résistance des financiers ne l'est pas, cela essentiellement pour deux raisons. Premièrement, les travailleurs obtiennent un revenu grâce à la participation à la réalisation de la production, tandis que les financiers, en tant que tels, gagnent de l'argent avec de l'argent. Autrement dit, ils gagnent de l'argent sans qu'ils participent, en tant que financiers, à la réalisation de la production. Deuxièmement, la satisfaction des revendications des travailleurs, même si elle fait augmenter le coût monétaire salarial, n'a aucun effet sur le niveau de profit réalisé dans le cadre de l'équilibre monétaire, lorsque les règles du fonctionnement normal de l'économie nationale et de l'économie internationale sont respectées.

Toutefois, il faut préciser que, tant qu'il sera possible de gagner de l'argent avec de l'argent, face aux revendications des travailleurs apparaîtra la résistance des grands financiers alliée à la complicité des dirigeants qui pèchent par ignorance ou qui cherchent le pouvoir pour le pouvoir, ou qui sont formés dans le cadre de la théorie néoclassique (théorie partisane et donc mensongère) ou, pire encore, qui cumulent les différentes combinaisons de ces défauts. En outre, cette résistance a un autre objectif, qui est de brouiller les pistes, afin de retarder l'application des règles du fonctionnement normal de l'économie. En effet, l'une des conséquences de l'application de ces règles est le fait qu'elle écarte la possibilité de gagner de l'argent avec de l'argent. Précisons que tant qu'il est possible de gagner de l'argent avec de l'argent, les financiers, avec la complicité de certains dirigeants, ne manqueront pas de profiter de toutes les occasions (chômage, déficit du budget de l'Etat, crises dites financières, crises économiques, délocalisations, taux de change arbitraires, etc.) non seulement pour ne pas satisfaire les revendications des travailleurs, mais aussi pour revenir sur les acquis des travailleurs. Or, il faut savoir que toutes les occasions que nous venons d'énumérer et qui sont offertes aux grands financiers sont les conséquences de leurs actes. En fait, tant que le fonctionnement de l'économie sera régi par des règles arbitraires, les financiers auront la possibilité d'agir comme ils l'entendent. La responsabilité de cette situation incombe aux dirigeants politico-économiques qui, au lieu de faire appliquer les règles du fonctionnement normal de l'économie, continuent d'appliquer des règles arbitraires.

Les taux de change arbitraires et la libre circulation des marchandises de par le monde créent une situation de concurrence inégale sur le marché international entre les produits des différents pays. Ce sont ces taux de change qui font croire que la main-d'œuvre est moins chère dans certains pays (surtout les pays émergents et en développement) que dans d'autres (surtout les pays dits industrialisés). Cette situation permet aux grands financiers des entreprises des pays industrialisés d'exiger des dirigeants politico-économiques de leur pays de prendre des décisions pour faire baisser le coût de la main-d'œuvre (coût composé des salaires et cotisations sociales). Mais étant donné qu'il n'est pas facile de faire baisser les salaires monétaires, ces grands financiers, avec l'aide des dirigeants des assurances privées, proposent de faire baisser les cotisations sociales payées par les entreprises. Leur objectif, à terme, est de privatiser le financement de la maladie, de la vieillesse, etc. Les financiers des entreprises menacent de délocaliser leurs entreprises si les dirigeants politico-économiques de leur pays n'obtempèrent pas. Ils peuvent mettre leur menace à exécution et mettre, sans aucun remords, les travailleurs de leurs entreprises au chômage. Cette possibilité leur est offerte car les dirigeants du FMI et de l'OMC (Organisation Mondiale du Commerce) avec la bénédiction des dirigeants des divers pays, ont accepté d'établir la libre circulation des marchandises et des capitaux financiers.

Nous devons savoir pourquoi les dirigeants des assurances privées s'associent à la demande des grands financiers pour faire baisser les cotisations sociales payées par les entreprises. D'abord, ces dirigeants appuient cette demande car ils sont au service des financiers qui détiennent une grande partie du capital de ces assurances. Ensuite, ils savent que la baisse de ces cotisations met en danger l'avenir de la protection sociale qui assure l'égalité des chances devant la maladie et la vieillesse (financement de la retraite par cotisation, financement solidaire). Le démantèlement de la protection sociale est favorable aux assurances privées, car il fait augmenter le nombre de souscriptions à toutes sortes d'assurances privées de santé et de vieillesse (financement de la retraite par capitalisation, financement individualiste et égoïste). En fait, les dirigeants des assurances privées ne se préoccupent pas de l'égalité des chances devant la maladie et la vieillesse. En effet, ces assurances font dépendre le niveau de la couverture des maladies du niveau de revenu de chacun. Ainsi les titulaires de hauts revenus peuvent avoir une large couverture, les titulaires de revenu moyen une couverture moyenne et les titulaires de bas revenus pas de couverture du tout. Elles font dépendre le montant de la retraite de chacun de sa capacité à épargner. Dans ce cas, les titulaires de hauts revenus ont une importante capacité à épargner, ils pourront donc avoir un montant confortable pour leur retraite, les titulaires de revenu moyen ont une capacité moyenne à épargner, ils auront donc un montant moyen pour leur retraite et les titulaires de bas revenus n'ayant pas la possibilité de dégager de l'épargne n'auront pas de ressources lorsqu'ils seront en retraite. Ils devront donc survivre de la charité, privée ou publique. En outre, le financement de la retraite par capitalisation augmente de façon considérable le nombre des défenseurs de ceux qui souhaitent gagner de l'argent avec de l'argent, ce qui constitue un autre objectif des grands financiers et conforte donc leur position.

VIII. La théorie économique dominante : le travail-marchandise et le plein-emploi

Nous avons vu que la théorie néoclassique est une théorie partisane favorable aux financiers et qu'elle méprise les travailleurs, car elle tente de légitimer le fait de pouvoir gagner de l'argent avec de l'argent. Mais le mépris des néoclassiques à l'égard des travailleurs ne s'arrête pas là. En effet, le cadre de la théorie néoclassique oblige les auteurs de cette école de pensée à considérer et à étudier le travail comme une marchandise qui peut donc être achetée. Précisons que, dans cette théorie, lorsque le prix d'une marchandise augmente, sa demande diminue, lorsque le prix d'une marchandise diminue, sa demande augmente. Les néoclassiques appliquent cette relation au travail. Ils établissent donc une relation entre le prix du travail (le taux des salaires, cotisations sociales comprises) et la demande de travail. Dans cette théorie, c'est cette relation qui détermine le niveau de l'emploi. Aussi pour ces auteurs le problème de la réalisation du plein-emploi est-il un problème de niveau de prix du travail. Ils pensent que, pour réaliser le plein-emploi, il suffit de baisser le prix du travail, c'est-à-dire de baisser soit le taux des salaires, soit les cotisations sociales, soit les deux à la fois. Or, non seulement les néoclassiques ont un regard méprisant à l'égard du travail et donc des travailleurs salariés, mais aussi à l'égard de la société. Nous voulons démontrer que, d'une part cette relation néoclassique n'a aucun fondement rationnel, d'autre part l'application de cette proposition néoclassique ne règle aucunement le problème du chômage, enfin son application est à l'origine des conflits sociaux et elle met en danger l'avenir de la protection sociale.

1° Leur regard à l'égard du travail et des travailleurs est méprisant du fait qu'ils considèrent le travail comme une marchandise : ce n'est que dans une économie esclavagiste que le travail est considéré comme une marchandise.

2° Cette relation néoclassique n'a de fondement ni rationnel ni réel, car le travail n'est pas une marchandise et il ne peut pas être étudié comme telle. En effet, la rémunération des travailleurs n'est pas un achat. Les entrepreneurs, en rémunérant les travailleurs, n'achètent ni le travail ni le produit du travail. La rémunération des travailleurs signifie la formation du revenu dont la dépense sur le marché des produits permet de les écouler. La dépense du revenu ainsi formé sur le marché des produits permet aux entreprises considérées dans leur ensemble de récupérer le montant de monnaie qui leur a permis de monétiser la production dans l'acte de versement des salaires.

3° La proposition néoclassique pour atteindre le plein-emploi n'est qu'un autre signe du mépris manifesté à l'égard des travailleurs et de la société, c'est une tromperie. Il n'y a aucun rapport entre le niveau des salaires considéré dans son ensemble et le niveau de l'emploi, car la rémunération des travailleurs représente la valeur des produits. Le montant représentant la rémunération monétaire des travailleurs, quel que soit ce montant, détermine le montant nécessaire et suffisant dont la dépense permet d'écouler le produit, qui est la contrepartie des rémunérations. Toutefois, malheureusement, depuis plusieurs décennies, c'est cette relation néoclassique qui influence les responsables politiques, les dirigeants des entreprises, les organisations patronales et même certains syndicats des travailleurs, car elle leur fait croire que le prix élevé du travail est la cause du chômage.

4° Elle est à l'origine des conflits sociaux, car les entrepreneurs et les organisations patronales avancent toutes sortes de prétextes, dont la situation de l'emploi, pour faire baisser les salaires, alors que les travailleurs et leurs syndicats luttent pour obtenir une hausse générale des salaires. (Les différents niveaux des salaires des différentes catégories d'emplois résultent soit des revendications catégorielles soit du degré de compétence ou de responsabilité plus ou moins justifié.) Précisons que la hausse ou la baisse générale des salaires monétaires n'a aucun effet sur l'emploi, elle n'a pas d'effet sur le pouvoir d'achat réel des travailleurs considérés dans leur ensemble, elle n'a pas d'effet non plus sur le niveau du profit. Précisons aussi que, lorsque les salaires monétaires d'une catégorie augmentent, l'amélioration du pouvoir d'achat réel de cette catégorie se fait aux dépens du pouvoir d'achat réel des autres salariés. Précisons enfin que la baisse des cotisations sociales n'a aucun effet sur l'emploi, mais qu'en revanche elle diminue les recettes des organismes sociaux et met en danger l'avenir de la protection sociale.

En outre, la théorie néoclassique n'établit pas de relation entre la quantité de capital et le nombre de travailleurs qui peut être employé sur une quantité de capital existante, pour une technologie donnée. Nous l'avons vu, la théorie néoclassique suppose qu'il est possible d'employer n'importe quelle quantité de travail sur la quantité de capital existante. Elle suppose, par exemple, qu'un camion (capital) peut être conduit par un ou plusieurs conducteurs à la fois, ce qui est un non-sens. Cette précision marque la limite absolue de la théorie néoclassique dans ce domaine. Elle marque son caractère mensonger et donc trompeur. On voit pourquoi l'application des propositions de la théorie néoclassique se trouve dans l'impossibilité d'améliorer la situation de l'emploi, pourquoi les néoclassiques se trouvent dans l'impossibilité de dénoncer les délocalisations qui constituent l'une des principales causes de l'aggravation de la situation de l'emploi dans les pays industrialisés.

Nous l'avons vu, il n'y a aucune relation entre le niveau des salaires monétaires, considéré dans son ensemble, et le niveau de l'emploi. Cela pour une simple raison, la rémunération du travail représente la valeur monétaire du produit. Autrement dit, l'ensemble des salaires représente la contrepartie monétaire du produit réalisé par les travailleurs. Dans chaque période, la dépense de l'ensemble des salaires sur le marché des produits vaut l'écoulement de la totalité du produit de la période considérée. Mais cela ne signifie pas que les travailleurs, en dépensant la totalité de leur revenu, obtiennent la totalité du produit. Sur le marché, le profit apparaît lorsque le prix est supérieur au coût de production. Lorsque le prix est supérieur au coût de production, les entreprises captent une partie du revenu monétaire des travailleurs. Le profit monétaire ainsi réalisé par les entreprises représente la valeur monétaire des biens capitaux destinés aux entreprises. Ainsi, sur le marché, le produit se partage entre le salaire réel des travailleurs et le profit réel des entreprises.

En fait pour tous les pays les deux situations suivantes sont identiques du point de vue des entrepreneurs et des travailleurs.

1° 100 UP (produit national) = 100 UM (revenu national),

2° 100 UP (produit national) = 200 UM (revenu national),

(UP = unité de produit, UM = unité de monnaie).

Dans le premier cas, les entreprises du pays considéré réalisent une production de 100 UP et rémunèrent l'ensemble des travailleurs salariés pour 100 UM. Les entreprises, en vendant la totalité de leur produit, récupèrent le montant de monnaie (salaires et cotisations sociales) qui leur a permis de monétiser la production, soit 100 UM.

Dans le deuxième cas, les entreprises du pays considéré réalisent toujours une production de 100 UP mais elles rémunèrent l'ensemble des travailleurs salariés pour 200 UM. Les entreprises, en vendant la totalité de leur produit, récupèrent le montant de monnaie qui leur a permis de monétiser la production, soit 200 UM.

Dans les deux cas, sur le marché, le produit est partagé entre salaires et profits réels. Il est vrai que dans le deuxième cas le prix des produits est deux fois plus élevé que dans le premier cas, toutes choses égales par ailleurs. Mais les salaires monétaires du deuxième cas sont aussi deux fois plus élevés. On voit bien que, dans une économie fermée, la hausse ou la baisse de l'ensemble des rémunérations salariales n'a aucun effet sur le pouvoir d'achat réel des travailleurs, elle n'a aucun effet sur l'emploi, elle n'a aucun effet sur le niveau de profit des entreprises et elle ne pénalise donc nullement les entreprises. Dans une économie ouverte, les variations des rémunérations monétaires des travailleurs doivent être accompagnées par les variations des taux de change, qui doivent être établis dans le respect de la parité des pouvoirs d'achat.

IX. Les modèles similaires qui ont favorisé le développement de l'industrialisation de certains pays

L'industrialisation est l'une des conséquences de l'évolution des connaissances et des découvertes scientifiques. L'industrialisation et son corollaire, la division industrielle du travail, ont permis d'améliorer, parfois de façon considérable, la productivité du travail. (A. Smith, dans son ouvrage *La richesse des nations*, donne l'exemple de la fabrique d'épingles, pour illustrer l'effet de cette division du travail). Certains secteurs industriels nécessitent des investissements considérables. Dans une économie où il est possible de gagner de l'argent avec de l'argent, ces investissements doivent donner une rentabilité maximale pour leurs financiers. Dans un monde où l'on fait croire que la puissance d'un pays est proportionnelle à ses exportations et surtout à ses exportations nettes, les dirigeants de certains pays tentent par tous les moyens de favoriser l'évolution économique de leur pays et de faciliter les possibilités d'écoulement de leurs produits de par le monde. Ainsi, d'une part l'amélioration considérable de la productivité du travail, la recherche d'une rentabilité maximale et le développement non harmonieux[1] de l'économie, d'autre part l'objectif de puissance poussent les financiers des entreprises industrialisées et les politiques à étendre leurs sources d'approvisionnement en matières premières et à élargir le marché pour leurs produits au-delà des frontières nationales. Le principal objectif des financiers est la recherche d'une rentabilité maximale, immédiate et par tous les moyens. Aussi dès le début de l'industrialisation, les financiers, avec l'aide des dirigeants de leur pays, ont profité de toutes les occasions pour atteindre leur objectif. Nous allons évoquer quatre de ces occasions.

1° Les colonies ont permis la mainmise sur les matières premières. Elles ont permis aux entreprises des pays colonisateurs de les obtenir à vil prix, directement ou indirectement,. Elles ont permis d'étendre le marché des produits des pays colonisateurs. (Etendre le marché d'un pays au-delà de ses frontières pour favoriser le développement de son économie est une proposition d'Adam Smith.) Elles ont permis aux entreprises de ces pays d'écouler une partie de leurs produits dans les pays colonisés. Les pays colonisateurs pouvaient ainsi récupérer une partie, la totalité ou un montant plus élevé du montant dépensé pour réaliser les investissements nécessaires à l'exploitation et au transport des matières premières. Les financiers des entreprises exportatrices ont réalisé des profits substantiels, d'une part par la vente de leurs produits dans leurs propres pays, d'autre part par la vente de leurs produits dans les pays colonisés et dans d'autres. En effet, le montant récupéré par les pays grâce à leurs exportations nettes constituait (et constitue toujours), pour les entreprises de ces pays,

---

[1] Le développement non harmonieux ou inégal apparaît lorsque l'ensemble des secteurs économiques n'évoluent pas proportionnellement. Il en est ainsi, par exemple, du secteur agricole qui a un temps de retard au début de l'industrialisation dans une grande partie de ces pays. Le développement non harmonieux fait apparaître une surproduction de certains secteurs par rapport à la demande intérieure du pays concerné. Cette situation oblige les financiers des entreprises à chercher de nouveaux marchés à l'extérieur de leur pays.

une source de profit net ou profit inflationniste. Le montant de ce profit était égal (et est toujours égal) au montant des exportations nettes de ces pays. Grâce aux profits nets les financiers des entreprises de ces pays sont devenus de plus en plus indépendants des banques. L'ensemble de ces profits a permis aux financiers de ces entreprises de réaliser des taux de rentabilité élevés, d'étendre leurs entreprises et de favoriser ainsi le développement de l'industrialisation de leur pays. L'évolution de l'industrialisation des pays colonisateurs a donc été favorisée par l'élargissement de leur marché, par le profit inflationniste et par la mainmise sur les ressources naturelles des pays colonisés, mainmise qui a perduré, dans la majorité des cas, même après l'indépendance de ces pays. En fait, les pays colonisateurs ont placé dans une grande partie de ces pays des hommes de paille ou des dirigeants qui leur étaient favorables.

2° Après la Seconde Guerre mondiale, certains pays ont bénéficié, surtout pour des raisons politiques, des aides financières publiques d'autres pays, surtout des Etats-Unis. L'un des principaux objectifs des dirigeants américains était d'éviter le risque que certains de ces pays ne tombent sous l'influence de l'URSS. Ces aides ont favorisé la reconstitution ou la création de nouveaux secteurs industriels. Par la suite, l'essor de l'industrialisation de certains de ces pays a été financé en grande partie par des apports financiers privés qui venaient des pays déjà industrialisés. Durant plusieurs dizaines d'années, la sous-évaluation des monnaies de certains de ces pays, le Japon, la Corée du Sud, etc. a engendré une concurrence inégale sur le marché international. Cette concurrence inégale a favorisé les exportations des produits de ces pays. Elle a permis, par exemple, à des pays tels que le Japon, la Corée du sud, Taïwan, etc. d'élargir leur marché et d'écouler leurs produits destinés à l'exportation, essentiellement sur le marché des pays industrialisés. L'élargissement du marché a permis aux financiers de ces pays de réaliser des taux de rentabilité importants et donc à ces pays de développer leur industrialisation aux dépens de certains secteurs industriels dans les pays dont les monnaies étaient surévaluées par rapport aux monnaies de ces pays. Cette situation représente une première forme de délocalisation de la production des pays industrialisés vers d'autres pays.

3° Les délocalisations ont, dans leur immense majorité, pour objectif de réaliser des produits dans les pays où les monnaies sont sous-évaluées pour les vendre, en partie ou en totalité, dans les pays où les monnaies sont surévaluées par rapport aux monnaies des pays où les entreprises délocalisées s'implantent. Ces délocalisations ont favorisé l'évolution économique des pays dits émergents et l'élargissement de leur marché. Elles ont permis aussi aux financiers de ces entreprises de réaliser des profits substantiels. Or, l'évolution économique de ces pays ne profite pas, proportionnellement à l'accroissement de leur production, à l'immense majorité de leur population. En effet, étant donné que les monnaies de ces pays sont sous-évaluées, leurs échanges avec d'autres pays ne se réalisent pas dans l'équivalence. Par exemple, si la monnaie d'un pays est dix fois sous-évaluée par rapport à la monnaie internationale de référence, même si ce pays réalise une balance commerciale équilibrée, à travers ces échanges il n'obtient que l'équivalent d'un dixième de ses exportations. Cette situation représente une sorte de pillage de ces pays, ce que j'appelle le pillage par la ruse.

Les trois cas que nous venons d'évoquer permettent de constater que le développement de l'industrialisation de certains pays s'est réalisée, jusqu'à présent, au détriment d'autres pays. Nous pouvons même préciser que, dans le cas des délocalisations, l'industrialisation de certains pays émergents s'est réalisée aux dépens de secteurs entiers de l'industrie des pays dont les entreprises ont délocalisé. En outre, cette évolution économique a aggravé les inégalités économiques et donc les inégalités sociales dans les deux ensembles de pays, à la fois les pays qui sont à l'origine de leur financement et les pays où les entreprises délocalisées se sont implantées.

Or, nous verrons qu'il est possible que les pays qui ont besoin de développer leur économie le fassent sans que ce soit au détriment d'une partie de leur propre population ni au détriment d'autres pays. Nous verrons aussi qu'il est possible d'écarter les causes de l'aggravation des inégalités économiques et sociales engendrées jusqu'à présent par l'évolution économique.

4° L'industrialisation des pays européens a permis aux entreprises de certains secteurs d'augmenter leur capacité de production, parfois de façon considérable. L'industrialisation des entreprises de certains secteurs a nécessité d'importants investissements, qui devaient être suffisamment rentabilisés pour assurer l'amortissement des capitaux et satisfaire les financiers. Mais le marché intérieur de chacun de ces pays ne permettait pas de satisfaire suffisamment, du point de vue des financiers, la rentabilité de leurs placements. Pour améliorer la rentabilité des placements, il fallait donc élargir le marché des produits de chacun de ces pays aux marchés des produits des pays voisins et d'autres pays. Pour arriver à cette fin, dans les pays les plus forts militairement, les financiers du secteur de l'armement, avec l'appui d'autres financiers, ont cherché toutes sortes de prétextes pour inciter leurs dirigeants à élargir leur marché par la force, par la guerre, sans tenir compte des conséquences désastreuses pour les populations et pour chacun de ces pays (le sacrifice des soldats, l'exode des populations, la ruine des pays, etc.). Il est vrai que les guerres en Europe n'ont pas permis de réaliser les résultats escomptés par tous les financiers. Toutefois, il est vrai aussi qu'elles ont profité aux financiers de certaines entreprises. Il en est ainsi, par exemple, de l'entreprise allemande Krupp qui, durant la Première Guerre mondiale, est devenue l'une des entreprises les plus importantes et les plus "florissantes".

Ces tentatives, en particulier la dernière, de réaliser l'élargissement du marché permet de constater que les financiers sont prêts à tout pour améliorer la rentabilité de leurs placements. Il en sera ainsi tant qu'il sera possible de gagner de l'argent avec de l'argent.

X. La libre circulation des capitaux et marchandises à l'origine de l'apparition de solutions absurdes pour favoriser la croissance et améliorer la situation de l'emploi

La libre circulation des capitaux financiers et des marchandises a fait apparaître une concurrence acharnée entre les dirigeants pour attirer des entreprises et capitaux financiers étrangers dans leur pays. Cette concurrence existe non seulement entre les pays émergents et en développement, mais aussi entre les pays dits industrialisés. Les dirigeants des pays émergents et en développement qui remplissent les conditions nécessaires (main-d'œuvre, même peu qualifiée, stabilité politique, etc.) n'ont pas de grande difficulté à attirer des capitaux et des entreprises dont la production ne demande pas une main-d'œuvre très qualifiée, car leurs monnaies sont largement sous-évaluées par rapport à la monnaie qui joue le rôle de monnaie internationale. Dans un monde où les brevets sont détenus jalousement par certaines entreprises qui en ont le monopole, les pays émergents attirent les entreprises étrangères pour profiter de leurs brevets et de leurs avancées technologiques. Quant aux pays en développement, ils attirent des capitaux financiers afin de financer l'achat de biens capitaux pour développer leur économie, car ils ne produisent pas ou pas suffisamment de biens capitaux. Lorsque le coût de la main-d'œuvre augmente dans l'un des pays émergents, les dirigeants de ce pays décident de dévaluer leur monnaie, afin d'écarter le risque de voir les capitaux qui y sont placés et les entreprises qui y sont implantées quitter le pays pour aller financer l'implantation de nouvelles entreprises ailleurs ou s'implanter dans d'autres pays concurrents.

Les dirigeants des pays industrialisés entrent eux aussi en concurrence pour attirer les capitaux financiers et les entreprises étrangères dans leur pays. Certains de ces dirigeants agissent de la sorte en pensant pouvoir faire face à la désindustrialisation, donc à la décadence de l'économie de leur pays et au chômage de masse. Pour d'autres dirigeants, il s'agit d'éviter que l'économie de leur pays entre en décadence. Mais leur erreur commune est de penser que leur pays a besoin d'attirer des capitaux financiers étrangers et des entreprises étrangères pour favoriser l'évolution de leur économie et donc améliorer la situation de l'emploi. Pour convaincre les financiers de placer leurs capitaux financiers ou d'implanter leurs entreprises dans leur pays, les dirigeants de ces pays sont prêts à leur accorder des avantages fiscaux, des facilités d'implantation, à rendre plus flexible le marché du travail, à baisser les cotisations patronales, etc.

Or, ces pays n'ont pas besoin d'attirer les entreprises étrangères, car ils ont la main-d'œuvre qualifiée, ils ont les moyens financiers, ils disposent des techniques de production les plus avancées, ils ont des chercheurs capables d'en créer de nouvelles et ils ont une stabilité politique. Ils n'ont pas non plus besoin d'attirer des capitaux financiers pour financer l'achat de biens capitaux, car ils en produisent et ils ont la possibilité d'en augmenter la production. Ils n'ont aucun besoin d'attirer des capitaux financiers pour augmenter le capital des entreprises qui existent dans leur pays. En fait, les institutions financières, privées ou publiques, de ces pays ont les moyens financiers d'intervenir et d'augmenter le capital des entreprises qui existent dans leur pays. Enfin, faire entrer des capitaux financiers destinés à acheter les actions et obligations des entreprises qui existent déjà n'est d'aucune utilité pour favoriser l'évolution économique des pays considérés, puisque ces entreprises existent. En outre, l'entrée de capitaux financiers dans un pays constitue une cause de prélèvements illégitimes. Les dirigeants qui agissent de la sorte pour attirer des entreprises et des capitaux financiers étrangers sont soit incompétents sur le plan économique soit au service des financiers ou pire encore les deux à la fois.

Les dirigeants de ces pays ne se posent pas la question de savoir pourquoi leurs pays sont passés d'une situation de plein-emploi à une situation de sous-emploi. Ils ne voient pas ou ne veulent pas voir que ce changement de situation est dû au fait que les financiers de leurs entreprises ont délocalisé ces entreprises. Ils ne se posent pas la question de savoir pourquoi les financiers des entreprises sont amenés à délocaliser leurs entreprises. Or, c'est bien là la question. Ils ne voient pas ou ne veulent pas savoir que leurs monnaies sont surévaluées par rapport aux monnaies des pays où leurs entreprises se sont implantées et continuent de s'implanter. Ils ne voient pas ou ne veulent pas voir que les délocalisations représentent l'une des conséquences des taux de change établis arbitrairement. Par conséquent ces dirigeants, au lieu de tenter, le plus souvent en vain car la monnaie de leur pays est surévaluée, d'attirer dans leurs pays les entreprises et les capitaux financiers étrangers, devraient tout mettre en œuvre pour convaincre les dirigeants du FMI de prendre les mesures nécessaires à l'établissement des taux de change dans le respect de la parité des pouvoirs d'achat. Pour y parvenir, ils doivent aussi écarter l'influence de la théorie néoclassique qui considère la monnaie comme un bien, ce qui amène à déterminer les taux de change sur le marché par l'offre et la demande de la monnaie de chaque pays, comme la détermination du prix d'un bien.

En fait, aucun pays n'aura plus besoin des financiers dans une économie qui sera régie par des règles dont l'application assurera le fonctionnement normal. Il faut savoir que l'existence des financiers est une anomalie, c'est là l'une des manifestations des économies qui sont régies par des règles arbitraires.

XI. Le fonctionnement du système monétaire et financier international actuel est à l'origine de certains maux qui frappent les économies nationales et l'économie internationale

L'économie internationale est une économie d'échange. L'objectif des échanges, y compris les échanges internationaux, est la réalisation de l'enrichissement mutuel. Cela signifie que chaque pays vend les produits dont il n'a pas besoin pour acheter les produits dont il a besoin. Cette précision est importante, surtout dans la mondialisation actuelle, qui bafoue l'objectif des échanges internationaux. En effet, actuellement certains pays, dont la France, importent des produits qui viennent de l'autre bout du monde alors qu'ils les produisaient eux-mêmes il n'y a pas longtemps et qu'ils pourraient encore les produire chez eux.

Les échanges internationaux nécessitent une monnaie internationale pour faciliter les échanges, pour permettre de comparer le prix des produits des différents pays, pour monétiser les échanges entre les pays et pour comptabiliser les achats-ventes de chaque pays. Le problème est donc de savoir si le système monétaire et financier international actuel respecte les deux règles fondamentales du fonctionnement normal des échanges internationaux et de connaître les conséquences néfastes du non-respect de ces règles. La première règle exige que les achats soient financés par les ventes, en d'autres termes, que les importations soient financées par les exportations. La deuxième règle, qui découle de la première, exige que les importations nettes soient financées par les exportations nettes.

Dans le cadre du système monétaire et financier international actuel, on raisonne en termes de liquidité internationale. Cette liquidité est représentée par la monnaie d'un pays, considérée comme monnaie internationale. Le raisonnement en termes de liquidité internationale amène à dire, par exemple, qu'il y a trop de liquidité internationale ou que la liquidité internationale est insuffisante. Or, l'existence de la liquidité internationale est une anomalie due au fonctionnement vicié du système monétaire et financier international actuel. Elle apparaît lorsque la règle du financement normal des importations nettes n'est pas respectée.

Comment est apparue la liquidité internationale ?

Depuis la Seconde Guerre mondiale, et jusqu'à présent, c'est le dollar, la monnaie d'un pays, qui joue le rôle de monnaie internationale. Autrement dit, depuis la Seconde Guerre mondiale, il existe une confusion entre la monnaie d'un pays et la monnaie internationale. Etant donné que la monnaie de chaque pays représente le droit sur les produits de chaque pays concerné, une confusion apparaît entre le droit sur les produits du pays dont la monnaie est considérée comme monnaie internationale et les produits présentés sur le marché international. En d'autres termes, actuellement, c'est la monnaie d'un seul pays qui a obtenu un droit sur les produits présentés sur le marché international.

Etudions le financement des échanges internationaux dans le cadre du fonctionnement du système monétaire et financier international actuel, où la monnaie d'un pays joue le rôle de monnaie internationale. Prenons l'exemple des Etats-Unis et de la France, deux pays qui réalisent une balance commerciale déficitaire.

Supposons que les Etats-Unis réalisent des importations nettes (importations supérieures aux exportations) pour un montant de 50 UMi (UMi = unité de monnaie internationale). Dans le cadre du système actuel, les Etats-Unis ont la possibilité de financer leurs importations nettes avec leur propre monnaie. Dans le cas envisagé, les banques de ce pays émettent 50 UMi (dollars) pour payer la dette de leur pays envers les pays qui ont réalisé une balance commerciale excédentaire vis-à-vis des Etats-Unis. C'est ainsi qu'apparaît la liquidité internationale. Dans cet exemple, la liquidité internationale est représentée par 50 UMi, mises à la disposition des pays qui ont réalisé des exportations nettes vis-à-vis des Etats-Unis. Trois questions se posent alors.

Premièrement, *cette façon de financer le déficit de la balance commerciale du pays dont la monnaie joue le rôle de monnaie internationale est-elle un véritable paiement* ? La réponse est non. En réalité, c'est un faux paiement, car elle ne respecte pas la règle normale du financement des échanges internationaux, règle selon laquelle les importations nettes doivent être financées par les exportations nettes. En effet, ces 50 UMi (50 dollars) détenues par les pays ayant réalisé des exportations nettes vis-à-vis des Etats-Unis représentent une reconnaissance de dette de ce pays et non un paiement et la reconnaissance d'une dette ne signifie nullement le paiement de cette dette. En fait, nul ne paye avec sa propre dette.

Deuxièmement, *pourquoi les pays qui ont réalisé des exportations nettes et qui ont reçu 50 UMi (50 dollars) croient-ils qu'ils sont payés* ? Ils le pensent car la monnaie des Etats-Unis est considérée comme une monnaie internationale que tous les pays acceptent et qu'ils peuvent donc dépenser sur le marché international. Dans ce cas, ils transmettent ainsi à d'autres pays la reconnaissance de dette des Etats-Unis, soit, dans cet exemple, 50 UMi (50 dollars). Par conséquent, la reconnaissance de la dette des Etats-Unis peut circuler indéfiniment sur le marché dit financier international. Elle circulera tant que les Etats-Unis ne réaliseront pas une balance commerciale excédentaire pour un montant de 50 UMi et tant qu'ils ne seront pas payés par ce montant puisé dans la liquidité internationale.

Troisièmement, *comment peuvent disposer de la monnaie dite internationale les pays qui la reçoivent* ? Ils ont quatre possibilités. 1° Ils peuvent financer leurs importations nettes pour le même montant, comme nous l'avons vu. 2° Ils peuvent constituer des réserves en monnaie internationale, sans effet sur la liquidité internationale tant que ces pays la gardent en réserve. 3° Ils peuvent la prêter directement aux pays qui réalisent une balance commerciale déficitaire pour le même montant. 4° Ils peuvent la placer sur le marché financier international. C'est ainsi qu'est apparu le marché financier international actuel. On le voit bien, l'apparition de ce marché est l'une des conséquences du non-respect de la règle du financement normal des importations nettes.

Ce marché financier international ouvre la voie aux placements des capitaux évadés, des capitaux des tricheurs, des capitaux des fraudeurs, des capitaux des mafieux et des capitaux des criminels. Il ouvre la voie aux spéculations au niveau mondial sur les marchés financiers, sur les marchés des matières premières, sur les marchés des produits alimentaires. Il est vrai que les spéculations sur le marché financier concernent essentiellement les financiers. Mais il est vrai aussi que les spéculations sur les marchés des matières premières et sur les marchés des produits alimentaires concernent l'immense majorité de la population mondiale, qui subit ainsi les conséquences néfastes des actes des spéculateurs sur ces marchés.

Prenons maintenant l'exemple de la France qui réalise, elle aussi, une balance commerciale déficitaire pour un montant de 50 UMi. Dans le cadre du système monétaire et financier international actuel, la France a trois possibilités pour financer le déficit de sa balance commerciale. Elle peut emprunter auprès des pays qui ont réalisé une balance commerciale excédentaire. Elle peut emprunter sur le marché financier international où est placé l'argent des fraudeurs, des tricheurs, des mafieux, etc. Elle peut demander aux banques américaines de lui prêter de la monnaie. Ce dernier cas fait aussi augmenter la liquidité internationale, car les banques américaines émettent de la monnaie pour la prêter aux pays qui ont réalisé une balance commerciale déficitaire (dans notre exemple la France). Cette liquidité va encore alimenter le marché financier international.

Toutefois, les contraintes pour la France et pour les Etats-Unis ne sont pas les mêmes. La France (et tous les pays autres que les Etats-Unis), doit payer les intérêts des emprunts contractés en monnaie internationale, en dollars. Pour les payer, la France est obligée de réaliser une balance commerciale excédentaire pour le montant des intérêts dus et cela durant toute la période de son endettement. Cette obligation de paiement des intérêts lui est imposée quels que soient ses créanciers, les banques américaines, les pays qui ont réalisé une balance commerciale excédentaire et qui ont reçu une reconnaissance de dette en dollars ou le marché financier où est placé l'argent des pays qui ont réalisé une balance commerciale excédentaire, des tricheurs, des fraudeurs et des mafieux. Par la suite, même si la France réalise une balance des paiements équilibrée, sa dette extérieure augmente pour le montant des intérêts. Les Etats-Unis n'ont pas cette obligation lorsqu'ils financent leurs importations nettes par la monnaie émise par leurs banques car, dans ce cas, les importateurs de ce pays paient des intérêts à leurs propres banques. Par conséquent, même si les Etats-Unis réalisent une balance des paiements équilibrée, sa dette extérieure n'augmente pas. La France, pour rembourser les emprunts contractés en monnaie internationale, en dollars, est obligée de respecter les délais pour honorer sa dette, elle doit donc réaliser une balance des paiements excédentaire pour le montant de sa dette extérieure. Les Etats-Unis n'ont pas cette contrainte de délais. Actuellement la France fait tout pour attirer des placements financiers chez elle, par la vente des actions et obligations de ses entreprises, de ses biens immobiliers, de ses domaines viticoles, etc. Mais ces placements deviennent une cause de prélèvements illégitimes en France ainsi que dans chaque pays qui se trouve dans la même situation que la France. De plus, ces placements sont susceptibles de quitter la France à chaque instant. Les Etats-Unis ne sont pas obligés, à court et moyen termes, de réaliser une balance commerciale excédentaire pour le montant de leur dette extérieure. Mais ils seront néanmoins, un jour, obligés d'honorer leurs dettes, dont le montant est égal à la somme des reconnaissances de dettes qu'ils ont distribuées de par le monde. Par conséquent, ces reconnaissances de dettes représentent une épée de Damoclès pesant sur l'avenir des générations futures de ce pays. Mais les financiers et leurs obligés n'ont pas intérêt à en parler, ils ne veulent pas réveiller le chat qui dort, afin de ne pas provoquer la plus grande crise financière de l'histoire.

XII. Les taux de change actuels sont établis arbitrairement

Nous avons vu que l'objectif des échanges internationaux est la réalisation de l'enrichissement mutuel. Pour que cet enrichissement soit véritablement réalisé, les deux conditions suivantes doivent être respectées : il faut que les taux de change soient établis dans le respect de la parité des pouvoirs d'achat , il faut que chaque pays réalise une balance commerciale équilibrée. Or, ce n'est pas le cas actuellement, car les taux de change sont déterminés de trois façons et nous allons constater que ces trois sortes de déterminations sont arbitraires.

1° *Les taux de change déterminés par les dirigeants des pays.* Les dirigeants d'un pays, pays A, décident, par exemple, qu'une unité de monnaie internationale (UMi) doit s'échanger contre 10 unités de monnaie du pays A (UMa), d'où 1 UMi = 10 UMa. De tels taux de change sont arbitraires, car ils sont déterminés, imposés, par les dirigeants de chaque pays concerné, essentiellement les dirigeants des pays émergents et certains pays en développement. Dans la majorité des cas, les monnaies de ces pays sont sous-évaluées par rapport à la monnaie internationale. L'objectif de ces dirigeants est de favoriser leurs exportations et de rendre plus difficiles, plus coûteuses, leurs importations.

2° *Les taux de change déterminés par les dirigeants des organisations internationales telles que le FMI et la Banque mondiale.* Les dirigeants de ces organisations imposent, par exemple, qu'une unité de monnaie internationale doit s'échanger contre 20 unités de monnaie du pays B (UMb) : 1 UMi = 20 UMb ce qui est arbitraire. Les taux de change ainsi imposés concernent essentiellement les pays les moins avancés économiquement, alors que les monnaies de la majorité de ces pays sont déjà largement sous-évaluées. L'objectif affirmé de ces dirigeants est de favoriser les exportations de ces pays et de rendre plus difficiles, plus coûteuses, leurs importations. Or, une grande partie de ces pays n'a pas grand-chose à exporter, mis à part les produits agricoles et matières premières.

En outre, les dirigeants des organisations internationales qui obligent, parfois, les dirigeants des pays les moins avancés économiquement à dévaluer leurs monnaies, se gardent bien de dévoiler les conséquences néfastes de cette dévaluation. Dans les années 1990, les dirigeants de ces organisations internationales ont exigé que certains pays africains dévaluent leur monnaie de 50% (le Franc CFA) par rapport à la monnaie de référence internationale, le dollar. Supposons que ces pays, avant la dévaluation de leur monnaie, en exportant X tonnes de café aient pu financer l'achat d'un tracteur ou d'une quantité de médicaments. Après la dévaluation, ils devaient exporter 2X tonnes de café (deux fois plus) pour financer l'achat d'un même tracteur ou la même quantité de médicaments. En fait, les dirigeants des organisations internationales ne se sont pas posé la question de savoir si la capacité de production de ces pays leur permettait de produire et d'exporter deux fois plus de café pour acheter le même nombre de tracteurs ou la même quantité de médicaments ni de savoir s'il était possible d'écouler deux fois plus de café sur le marché mondial. Pour rendre plus frappant cet exemple, toujours valable aujourd'hui, supposons que ces pays exportent la totalité de leur production de café. Ont-ils la possibilité de doubler, du jour et lendemain, la surface de leur terre cultivable pour produire deux fois plus de café, afin d'en exporter deux fois plus pour pouvoir financer l'achat du même nombre de tracteurs ou la même quantité de médicaments ? Il est clair que la réponse est non.

Que dire en outre du fait, également passé sous silence, que la grande majorité de ces pays ont un endettement extérieur comptabilisé en dollars. Par conséquent, la dévaluation de 50% de leur monnaie fait doubler, du jour ou lendemain, leurs dettes extérieures. Or, avant la dévaluation de leur monnaie ces pays ne parvenaient déjà pas à réaliser une balance commerciale excédentaire pour rembourser leurs dettes extérieures. Il est certain qu'après la dévaluation, ils n'auront plus aucune chance de rembourser ces dettes. On ne voit donc pas comment les dirigeants de ces organisations internationales peuvent prétendre favoriser l'évolution économique de ces pays par la dévaluation de leur monnaie.

Peut-être pensent-ils que la dévaluation de leurs monnaies permet de favoriser l'implantation des entreprises dites multinationales dans ces pays, ce qui favoriserait l'évolution de leur économie. Mais pour que les entreprises s'implantent dans un pays, outre la sous-évaluation de la monnaie, doivent être réunies plusieurs autres conditions telles que, par exemple, l'existence d'une main-d'œuvre qualifiée, l'acceptation par le pays considéré de la libre circulation des capitaux financiers et des marchandises, la stabilité politique, etc. Or, la majorité de ces pays n'ont pas suffisamment de main-d'œuvre qualifiée. Quant à la libre circulation des capitaux financiers et des marchandises, elle ne constitue en rien une condition de l'évolution économique. C'est une exigence des financiers des entreprises dites multinationales qui n'ont en vue que leur seul intérêt. Ces financiers, en formulant cette exigence, ont deux objectifs. Premièrement, ils voudraient pouvoir produire dans les pays où ils implantent leurs entreprises et vendre leurs produits dans d'autres pays où les monnaies sont surévaluées par rapport aux monnaies des pays où ces entreprises sont implantées. Deuxièmement, ils voudraient pouvoir rapatrier leurs capitaux financiers et leur profit dans le pays de leur origine selon leur bon plaisir.

Nous devons nous intéresser aux pays qui ont une quantité suffisante de main-d'œuvre qualifiée. Ces pays sont prêts à entrer dans une nouvelle phase d'évolution économique. Mais pour y entrer véritablement, ils ont besoin d'importer des biens capitaux, car ils en produisent peu ou pas du tout. Actuellement, pour les obtenir, ils ont deux possibilités. Ils peuvent s'endetter sur le marché financier international et donc payer des taux d'intérêt parfois exorbitants pour financer leurs achats. Mais, dans ce cas, ils risquent de se trouver dans une situation de surendettement et donc de dépendance vis-à-vis de leurs créanciers. Ils peuvent aussi accepter l'implantation des entreprises dites multinationales. Dans ce cas, ces pays risquent d'être pillés et leurs habitants de se faire spolier, comme nous l'avons vu. Il apparaît clairement qu'actuellement certains pays, pour pouvoir entrer dans une nouvelle phase d'évolution économique, doivent payer une rançon aux financiers : verser des intérêts et/ou être pillés, cela avec la bénédiction des dirigeants des organisations internationales.

3° *Les taux de change déterminés par l'application de la théorie néoclassique qui considère la monnaie comme un bien.* Dans le cadre de cette théorie, les taux de change sont déterminés comme le prix d'un bien, c'est-à-dire par l'offre et la demande de la monnaie de chaque pays sur le marché monétaire et financier international. Or, puisque la monnaie n'est pas un bien, ces taux de change aussi sont arbitraires.

Pour résumer tout cela, disons que les taux de change arbitraires sont une cause de pillage par la ruse pour certains pays et une cause d'apparition de pays gagnants et de pays perdants. Ce sont aussi ces taux de change qui font apparaître des coûts de production différents de par le monde et qui font donc croire que la main-d'œuvre est moins chère dans certains pays que dans d'autres. Mais si la main-d'œuvre apparaît moins chère dans certains pays que dans d'autres, c'est uniquement à cause de ces taux de change arbitraires et ce sont ces taux de change qui favorisent les délocalisations dont nous avons vu les conséquences néfastes.

Lorsque les taux de change seront déterminés dans le respect de la parité des pouvoirs d'achat, la main-d'œuvre n'apparaîtra plus moins chère dans certains pays que dans d'autres. Les échanges internationaux ne feront plus apparaître des pays gagnants et des pays perdants. Il n'y aura plus de pillage par la ruse de certains pays. Il n'y aura plus de délocalisations dont l'objectif est de réaliser les produits dans certains pays pour les vendre dans d'autres pays.

XIII. Les taux de change arbitraires, la libre circulation des capitaux financiers et des marchandises et la mise en danger des avancées sociales

Les taux de change arbitraires ont des effets néfastes directs sur les échanges internationaux qui ne se réalisent pas dans l'équivalence. Ils ont aussi des effets néfastes indirects, car certains dirigeants sont amenés à prendre des décisions susceptibles de mettre en danger les avancées sociales. Nous avons vu que les financiers des entreprises, par des chantages tels que les délocalisations, le déplacement du siège social de leurs entreprises dans d'autres pays, etc., exigent des dirigeants politico-économiques de revenir sur les avancées sociales. Nous allons voir comment les taux de change arbitraires leur donnent un prétexte pour rendre les cotisations sociales responsables du chômage et exiger la mise en cause de la protection sociale.

Certains économistes et dirigeants politiques, sous l'influence des financiers des entreprises et de la théorie néoclassique, affirment et font croire que les cotisations versées par les entreprises pour financer la protection sociale augmentent le coût du travail et donc le coût de production. Selon cette affirmation, les cotisations "payées" par les entreprises pénalisent les entreprises des pays concernés sur le marché des produits au niveau international. Ils exigent donc la baisse des cotisations "payées" par les entreprises (les plus radicaux souhaiteraient même leur suppression pure et simple). L'affirmation de ces économistes et politiques n'a pas de fondement rationnel, elle est fausse, elle a un objectif partisan et l'application de leur exigence met en danger l'avenir de la protection sociale.

Est-il vrai que c'est le coût salarial (salaire plus cotisations sociales) qui pénalise les débouchés des produits de certains pays sur le marché international ?

Pour répondre à cette question, nous devons distinguer l'étude fondée sur un constat arithmétique monétaire de celle fondée sur un raisonnement rationnel. Les partisans de la première étude constatent qu'arithmétiquement le coût monétaire des produits est plus élevé lorsque les entreprises versent des cotisations. Ils constatent donc que ces cotisations font augmenter le coût monétaire des produits. Ils constatent aussi que les produits de ces pays sont pénalisés sur le marché international. Ils mettent donc en cause les cotisations sociales payées par les entreprises et exigent la baisse des cotisations, afin de rendre les produits plus compétitifs sur le marché international. Certains dirigeants cèdent à cette exigence. Or, l'application de cette exigence diminue les recettes du système de la protection sociale et, à terme, elle est susceptible de mettre en danger son avenir. Dans ce cas, apparaissent plusieurs catégories de citoyens : celle dont les moyens financiers lui permettent de souscrire toutes sortes d'assurances privées pour faire face à tous les aléas de la vie (maladie, accident du travail, chômage, handicap, etc.) et de constituer une retraite par capitalisation pour avoir des ressources largement suffisantes au moment de la retraite, cela bien qu'une partie de cette catégorie n'ait jamais participé à la réalisation de la production ; celle dont les moyens financiers lui permettent de souscrire des assurances privées pour faire face à une partie des aléas de la vie et de constituer aussi une retraite par capitalisation pouvant laisser espérer obtenir des ressources suffisantes au moment de la retraite ; celle dont les moyens financiers ne lui permettent ni de souscrire des assurances privées pour faire face aux aléas de la vie ni de constituer une retraite par capitalisation. Cette catégorie, qui représente une bonne partie de la population dépendra de la charité ou des aides sociales pour faire face aux aléas de la vie et pour survivre au moment de la retraite, c'est un peu ce que nous voyons actuellement aux Etats-Unis, par exemple, avec un grand nombre de travailleurs pauvres.

Les auteurs de la deuxième étude établissent que les cotisations représentent une partie intégrante des salaires, c'est le coût salarial. Il est vrai que, dans certains pays, ce sont les entreprises qui versent directement une partie ou la totalité des cotisations aux organismes de protection sociale, mais ce versement représente une partie des salaires monétaires des travailleurs. Autrement dit, même si ce sont les entreprises qui versent directement les cotisations, ce sont les travailleurs qui les payent, contrairement à ce que l'on entend partout, contrairement à ce que martèle le Medef, contrairement à ce que l'on veut faire croire au grand public. En effet, nous l'avons vu, la rémunération monétaire de l'ensemble des travailleurs, quel que soit son montant, représente la valeur monétaire de la production. Or, s'il est vrai que les cotisations sont susceptibles d'augmenter arithmétiquement le coût monétaire, en revanche, il n'est pas vrai que ce sont les cotisations qui pénalisent les produits de ces pays sur le marché international. Si, sur le marché international, le prix des produits et donc le coût de la main-d'œuvre de certains pays apparaissent plus chers que le prix des produits et donc que le coût de la main-d'œuvre d'autres pays, cela est dû uniquement au fait que les taux de change sont établis, imposés ou déterminés arbitrairement, comme c'est le cas actuellement. En fait, lorsque les taux de change seront établis selon la règle qui doit les déterminer, c'est-à-dire lorsqu'ils seront établis dans le respect de la parité des pouvoirs d'achat, tous les produits de même qualité présentés sur le marché international auront le même coût. Autrement dit, lorsque sera respectée la véritable règle de la détermination des taux de change, les produits de tous les pays seront à égalité de coût sur le marché.

Chapitre II

Le mode actuel de production et de consommation met en danger l'avenir de la planète et du vivant

I. Introduction

L'économie durable soulève un problème primordial, celui de l'avenir de la planète et surtout de la survie du vivant. Il s'agit de savoir si l'évolution économique engendrée par la production matérielle telle qu'elle a été réalisée jusqu'à présent et amplifiée par l'industrialisation est compatible avec la préservation de la planète et la survie du vivant. Pour présenter ce danger, et afin d'éveiller les consciences, nous devons partir de quelques constats simples, qui font surgir un devoir moral que nous avons tous vis-à-vis des générations à venir.

Les constats : 1° Par définition, les ressources naturelles non renouvelables sont limitées en quantité et donc épuisables ; 2° les ressources naturelles renouvelables sont dégradables, leur recyclage coûte de plus en plus cher et elles risquent même de devenir de moins en moins utilisables ; 3° l'exploitation intensive des terres par l'utilisation de plus en plus massive d'engrais et de pesticides met en danger la fertilité naturelle des terres et l'écosystème ; 4° l'exploitation intensive des forêts met en danger l'écosystème planétaire ; 5° l'exploitation intensive des mers met en danger l'écosystème maritime ; 6° la pollution engendrée par la production et par la consommation non raisonnées qui, elles-mêmes, sont essentiellement les conséquences de l'industrialisation telle qu'elle a été réalisée jusqu'à présent met en danger l'avenir du vivant ; le réchauffement du climat met en danger l'avenir de centaines de millions d'habitants de la terre.

Le devoir moral : nous avons une obligation morale vis-à-vis des générations futures à qui nous devons léguer une planète vivable ; à cette fin, nous n'avons pas le droit de mettre en danger leur approvisionnement, leur santé et à terme l'avenir du vivant.

Nous pouvons distinguer actuellement trois sortes d'attitudes face aux problèmes de l'économie durable. Une première partie de la population, par ignorance ou par intérêt, passe sous silence les problèmes posés par l'action de l'Homme dans les domaines de la production et de la consommation. Le silence des ignorants profite à ceux qui ne voient que leur intérêt pécuniaire immédiat. Une deuxième partie de la population est consciente des dangers du mode de production et de consommation qui domine depuis l'industrialisation, mais elle attend que les responsables politiques et économiques prennent les mesures nécessaires afin de préserver l'avenir du vivant. Toutefois, le problème est de savoir si, dans le cadre du fonctionnement actuel de l'économie, les décisions et mesures prises pour préserver l'avenir de la planète, donc l'avenir du vivant, permettent d'atteindre cet objectif et d'assumer notre devoir moral vis-à-vis des générations à venir. Une troisième partie de la population, une minorité, très consciente des dangers du mode de production et de consommation actuel, ne fait confiance ni aux responsables politico-économiques ni au fonctionnement actuel de l'économie et elle n'attend pas de résultats probants des propositions et des applications des mesures prises en faveur de la planète. Elle préconise donc un changement des comportements individuels dans le mode de consommation. Dans ce cas aussi, le problème est de savoir si le changement des comportements individuels d'une minorité permettra d'écarter le mode de production qui est à l'origine de tous ces problèmes. En d'autres termes, le problème est de savoir si ce changement suffira pour écarter l'objectif des financiers des entreprises au niveau national et au niveau international.

En fait, le problème est de savoir si la réalisation de l'économie durable, qui a pour objectif de préserver l'avenir du vivant, est compatible avec l'objectif des financiers des entreprises qui sont à la recherche d'un profit maximal, immédiat et à tout prix. Dans ce chapitre nous allons voir que, dans le cadre d'une économie régie par des règles arbitraires, les mesures prises pour préserver l'avenir de la planète et l'avenir du vivant ne peuvent pas donner de résultats probants.

II. Les effets positifs et les effets négatifs de l'industrialisation

Durant des siècles, l'objectif des hommes de par le monde, en participant à la réalisation de la production, était essentiellement de tenter de satisfaire leurs besoins économiques de première nécessité. Et c'est le cas encore actuellement pour les pays dits les moins avancés économiquement. Dans ces économies le niveau de la production était bas, de ce fait, l'utilisation et le gaspillage des ressources naturelles et donc des produits étaient limités. En revanche, le niveau de la production n'était pas suffisant pour satisfaire les besoins économiques de première nécessité de l'ensemble de la population. Certaines régions et certains pays étaient aussi périodiquement frappés par la famine. Pour faire face à cette situation, la solidarité entre les régions et nations était inexistante ou limitée, cela du fait, d'une part de l'insuffisance des voies de communication, des moyens de transport et dans certains cas de l'information, d'autre part de l'antagonisme entre les dirigeants des diverses régions et des pays.

L'évolution des connaissances et les découvertes scientifiques qui en résultent ont favorisé l'industrialisation de la production qui a eu des effets positifs et négatifs. Elle a permis d'améliorer, parfois de façon considérable, la productivité du travail. En d'autres termes, l'industrialisation a permis de produire plus avec la même quantité de travail employée. Elle a donc permis de mieux satisfaire les besoins économiques des individus. Elle a aussi permis d'améliorer les conditions de travail dans certains secteurs. Elle a permis de diminuer la durée de travail journalière et annuelle dans certains pays. Elle a permis de présenter de nouveaux produits sur le marché. Elle a donc permis de créer de nouveaux besoins économiques. Mais l'industrialisation, qui a engendré le salariat, a engendré aussi, dans l'immense majorité des pays, le partage du produit entre les travailleurs et les propriétaires des moyens de production, ce qui a eu pour principale conséquence une aggravation des inégalités économiques et donc des inégalités sociales. Elle a engendré, dans certains secteurs, des gestes répétitifs, conséquences de la division extrême du travail. L'industrialisation a permis d'augmenter la surface des terres cultivables d'une façon générale et par cultivateur. Mais elle a permis aussi l'exploitation intensive des terres par l'utilisation des engrais et pesticides, au risque de mettre en danger la fertilité naturelle de la terre et l'écosystème. Elle a augmenté de façon considérable l'exploitation et l'utilisation des ressources naturelles non renouvelables : les minerais et les différentes sources d'énergie non renouvelables (charbon, pétrole, gaz, atome, etc.). Elle a engendré l'exploitation extensive, intensive et donc irrationnelle des ressources naturelles renouvelables mais dégradables (forêts, cours d'eau, mers, océans, etc.). La conséquence de tout cela est que la planète que nous allons transmettre aux générations à venir est de plus en plus appauvrie en ressources naturelles et de plus en plus dégradée. L'industrialisation a permis de réaliser des produits dont l'utilisation nécessite aussi de l'énergie ; il en est ainsi, par exemple, des différentes sortes de moyens de transport, des produits électroménagers, des moyens de communication, etc. La production industrielle qui emploie des énergies non renouvelables et qui réalise les produits dont l'utilisation nécessite de l'énergie est devenue la principale cause de la pollution qui met en danger l'avenir de l'écosystème planétaire et donc l'avenir du vivant.

Distinguons trois phases dans l'aggravation des conséquences néfastes de la combinaison de l'industrialisation avec le fait de pouvoir gagner de l'argent avec de l'argent. Dans une première phase de l'industrialisation, la recherche du profit maximal, immédiat et à tout prix, a poussé les financiers des entreprises à produire toujours plus sans tenir compte des limites des ressources naturelles non renouvelables ni de la dégradation des ressources naturelles dites renouvelables ni de la pollution, ni des possibilités de plus en plus limitées offertes aux générations futures, ni de l'avenir du vivant. Dans une deuxième phase, la société de consommation, résultant de l'industrialisation, a poussé les financiers des entreprises à la recherche d'une meilleure rentabilité pour leurs placements à réaliser des produits dont l'obsolescence de certaines pièces ou de la totalité du produit est programmée. Cette situation a augmenté l'utilisation des ressources naturelles non renouvelables et dégradables et a aggravé le gaspillage et la pollution. Dans une troisième phase, qui a commencé et s'est amplifiée depuis quelques dizaines d'années, la mondialisation de la production a amené les financiers à la recherche du profit maximal par tous les moyens à délocaliser leur production et leurs entreprises. Nous l'avons vu, l'objectif de ces financiers est de réaliser des produits dans certains pays pour les vendre dans d'autres. Le transport de ces produits, parfois sur plusieurs dizaines de milliers de kilomètres, engendre le gaspillage d'une quantité considérable d'énergie et il est donc source de pollution.

Les effets négatifs des modes de production et de consommation actuellement en vigueur, qui résultent de la combinaison que nous venons d'évoquer, permettent de constater la nécessité absolue qu'il y a désormais à prendre les mesures qui s'imposent pour préserver l'avenir du vivant. Reste à savoir si cela est possible dans le cadre du fonctionnement actuel de l'économie.

III. Dans le cadre du fonctionnement actuel de l'économie, les mesures prises pour préserver l'avenir de la planète et du vivant sont-elles susceptibles de donner des résultats probants?

Nous trouvons actuellement deux forces face à face : d'un côté la force constituée par tous ceux qui tentent de convaincre les dirigeants, tant au niveau national qu'au niveau international, de prendre des mesures locales et d'établir des accords internationaux afin de préserver et de sauver la nature (l'environnement, les ressources naturelles, etc.) ; de l'autre la force constituée par tous ceux qui, pour des raisons d'intérêts économiques purement pécuniaires, s'opposent à toutes sortes de mesures et accords. Or, actuellement c'est la deuxième force qui l'emporte sur la première. En effet, la première, si elle a le verbe pour tenter de convaincre, n'a pas de moyens de pression, tandis que la seconde a non seulement la théorie actuellement dominante en sa faveur, mais aussi d'importants moyens de pression sur les dirigeants. En outre, dans le cadre du fonctionnement actuel de l'économie, même lorsque des mesures sont prises et des accords établis, il est possible de les détourner de leur objectif.

Aussi, sur le plan national, les dirigeants de certains pays se trouvent face, d'une part à la pression des associations et des organisations non-gouvernementales qui exigent l'établissement de mesures pour sauver l'environnement, d'autre part à la pression des opposants à ces mesures. Ces derniers font tout, à travers des lobbies industriels, agricoles, etc., pour freiner ces mesures et limiter les résultats de leur application. Les principaux arguments de ces lobbies sont les suivants : premièrement, l'application de ces mesures fait augmenter le coût de production des secteurs industriels et diminue le rendement du secteur agricole. Autrement dit, pour ces financiers et leurs lobbies, l'application de ces mesures pénalise, sur le marché international, les produits des pays qui prennent ces mesures. Précisons que cet argument influence les décisions des dirigeants, car il se place dans un cadre où les taux de change sont établis arbitrairement. Deuxièmement, l'augmentation du coût de production amène ces lobbies à exercer auprès des gouvernants un chantage à l'emploi. Ils menacent soit de diminuer le nombre de travailleurs qu'ils emploient dans leurs entreprises, soit de délocaliser leur production et leurs entreprises. Cet argument a un impact considérable sur les dirigeants politiques et économiques des pays qui voudraient prendre des mesures en faveur de l'environnement et de l'avenir du vivant.

Au niveau international, des actions sont menées par diverses organisations non-gouvernementales pour sauver la planète de la pollution afin de préserver l'avenir du vivant. Les négociations menées par les représentants des gouvernements pour établir des accords internationaux sont influencées, d'une part par les organisations non-gouvernementales, d'autre part par les lobbies industriels, agricoles, etc. et par les représentants des pays émergents et en développement qui revendiquent le droit de polluer comme l'ont fait les pays industrialisés. Néanmoins, même lorsque ces négociations aboutissent à des accords, le plus souvent à minima, certains pays parmi ceux qui polluent le plus n'acceptent pas de les signer.

Précisons, en outre, que les problèmes posés par l'utilisation et le gaspillage des ressources naturelles non renouvelables sont passés sous silence à travers ces négociations, alors que, par définition, ces ressources sont limitées, donc épuisables. Pourquoi ce silence ? Là encore, il s'agit d'une tromperie, on fait croire qu'il existe une relation absolue entre la croissance économique et l'emploi. En effet, actuellement on pense que seule la croissance économique permet d'améliorer la situation de l'emploi. Or, la croissance économique matérielle est, en grande partie, consommatrice de ressources naturelles non renouvelables et la diminution de l'utilisation de ces ressources risquerait de faire fléchir le taux de croissance économique et donc d'aggraver la situation de l'emploi. C'est ce qui effraie les dirigeants qui ne prennent pas de décisions ou passent sous silence les mesures qui risqueraient de faire fléchir la croissance économique de leur pays. Or, tous les dirigeants qui agissent de la sorte ont une vision à court terme, car ils ne veulent pas voir que la croissance économique matérielle, qui nécessite des ressources naturelles non renouvelables, est condamnée à terme. Enfermés qu'ils sont dans leur vision limitée des choses et l'œil fixé sur leurs échéances électorales ou de mandat, ils ne peuvent même pas imaginer qu'une autre croissance est possible. Dans le chapitre III, nous verrons quelles sont les mesures à prendre et à appliquer pour améliorer la situation de l'emploi, tout en limitant de façon drastique ou même en abandonnant l'exploitation de ces ressources.

Résumons le constat établi en nous plaçant dans le cadre d'une économie dont le fonctionnement est régi par des règles arbitraires. Premièrement, les mesures prises au niveau national et les accords établis au niveau international ne concernent pas véritablement l'exploitation, l'utilisation et le gaspillage de l'ensemble des ressources naturelles non renouvelables. Actuellement, ces décisions et accords concernent particulièrement les ressources énergétiques non renouvelables. Deuxièmement, ces mesures et accords ne sont pas suffisants pour faire reculer l'utilisation et le gaspillage des ressources naturelles dégradables qui risquent de devenir non réutilisables. Ils ne sont pas aptes à faire diminuer la pollution de façon significative. Troisièmement, dans le cadre du fonctionnement actuel des économies nationales et de l'économie internationale, les mesures et accords ne sont pas susceptibles de donner les résultats escomptés. En effet, de telles économies sont compatibles avec toutes sortes d'autres mesures et règles arbitraires. Autrement dit, dans de telles économies, il est possible de prendre d'autres mesures et d'établir de nouvelles règles arbitraires pour écarter ou diminuer les effets positifs attendus par l'application des mesures prises et des accords établis en faveur de la planète.

Il en est ainsi, par exemple, des résultats attendus des accords de Kyoto. Le principal objectif de ces accords était de limiter les émissions de CO_2 dans le monde, par des quotas attribués à chaque pays et aux entreprises polluantes à l'intérieur de chaque pays. Les pays et les entreprises qui ne respecteraient pas les quotas devraient être pénalisés financièrement. Or, ces accords ont engendré divers comportements susceptibles de les détourner de leur objectif ou de limiter l'effet de la contrainte financière imposée par ces mesures et accords.

C'est ainsi que, dès que furent fixés les quotas de l'émission de CO_2, un marché s'est ouvert, avec une bourse des achats-ventes de CO_2. Sur ce marché, les pays ou les entreprises émetteurs de grandes quantités de CO_2 ont la possibilité d'acheter la part attribuée aux pays ou aux entreprises qui n'utilisent pas leurs quotas. Les pays vendeurs de leur part d'émission de CO_2 autorisée sont essentiellement des pays en développement. L'apparition de ce marché a abouti à la situation suivante : certains pays et entreprises peuvent continuer à polluer, à condition qu'ils achètent une part des quotas attribués aux pays en développement. Cette situation va à l'encontre de l'objectif de ces accords et n'incite pas les dirigeants des pays vendeurs de leur part de quotas à favoriser les conditions de l'évolution de l'économie de leur pays.

Par ailleurs, les financiers de certaines entreprises, grandes émettrices de CO_2, délocalisent leur production ou leurs entreprises dans les pays qui ont suffisamment de quotas non encore utilisés. Ces délocalisations permettent, d'une part de détourner cet accord et de ne pas payer d'amendes, d'autre part de profiter de la sous-évaluation des monnaies des pays où ces entreprises s'implantent, avec les conséquences néfastes des délocalisations, comme nous l'avons vu. Précisons que la baisse ou le ralentissement des émissions de CO_2 dans les pays dits industriels sont dus, en grande partie, au fait que leurs entreprises ont été délocalisées. D'autres entreprises polluantes, pour se donner bonne conscience, financent des plantations d'arbres et prétendent pouvoir compenser leurs émissions de CO_2 de cette manière. Il en est ainsi de certaines compagnies d'aviation et de certaines entreprises pétrolières. Or, l'ensemble des compagnies d'aviation et même celles qui agissent de la sorte pourraient aussi supprimer les vols à courte distance. Par exemple, en France, les vols intérieurs pourraient être supprimés au profit des transports moins polluants mais les compagnies d'aviation ne fermeront pas de lignes tant qu'elles seront rentables.

Un autre exemple permet aussi de mettre en évidence le fait que, dans une économie dont le fonctionnement est régi par des règles arbitraires, apparaît une incompatibilité entre l'exigence de l'application des mesures visant à préserver l'avenir de la planète et l'un des objectifs recherchés par l'application de ces règles. On demande à certains pays émergents et en développement de limiter leurs émissions de CO_2. Or ces pays utilisent des techniques de production très polluantes, alors qu'existent des techniques de production moins polluantes. Mais ils ne peuvent pas les utiliser, essentiellement pour deux raisons : soit ils n'ont pas les moyens financiers de les obtenir ou les possibilités humaines pour les utiliser ; soit on les empêche de les utiliser.

1° Ces pays ne peuvent pas les utiliser, car actuellement ces nouvelles techniques de production sont protégées par des brevets payants ou leur utilisation nécessite le paiement de royalties. Cette situation est due au fait que dans les économies actuelles, d'une part les résultats du savoir sont considérés comme des marchandises, d'autre part l'objectif des entreprises est la réalisation d'un profit maximal, et il leur faut pour cela empêcher d'autres entreprises d'utiliser leurs technologies. Par conséquent, soit les brevets sont gardés par les entreprises qui les ont mis au point, soit ils sont achetés par des entreprises qui ont les moyens financiers de les acheter et de les garder jalousement, soit, dans le meilleur des cas, tous peuvent utiliser certains brevets à condition de payer des royalties. Dans les deux premiers cas, les autres entreprises, les pays émergents et en développement ne peuvent en disposer. Dans le troisième cas, la majorité de ces pays ne peut pas en disposer non plus, car ils n'ont pas les moyens financiers suffisants pour les acheter ou payer des royalties. Ces pays sont donc obligés d'utiliser des techniques de production polluantes, avec les conséquences néfastes que cela implique pour la planète et donc pour le vivant.

2° Pourquoi empêche-t-on les pays émergents et en développement d'utiliser les techniques de production les moins polluantes ? L'objectif est d'écarter le risque d'aggravation de la concurrence inégale entre pays industrialisés et pays émergents. Précisons que cette décision d'empêcher l'utilisation de ces nouvelles techniques de production est due au fait que les monnaies des pays émergents sont largement sous-évaluées par rapport aux monnaies des pays industrialisés. En d'autres termes, cette décision est l'une des conséquences des taux de change arbitraires.

On constate que la même cause, la sous-évaluation des monnaies des pays émergents, engendre deux comportements différents. D'une part, les financiers de certaines entreprises sont favorables à la sous-évaluation des monnaies des pays émergents, car elle leur permet de délocaliser leurs entreprises dans ces pays et de vendre leurs produits dans les pays où les monnaies sont surévaluées et donc de réaliser des profits confortables. D'autre part, les financiers d'autres entreprises, parfois les mêmes, ne sont pas favorables à l'utilisation des techniques de production les moins polluantes par les pays émergents, du fait que leurs monnaies sont sous-évaluées. Bien que paradoxale, cette situation est compatible avec le fonctionnement actuel de l'économie, qui est régi par des règles arbitraires.

La libre circulation des marchandises, dans le cadre des taux de change arbitraires, pénalise les pays qui décident de prendre des mesures pour faire baisser les émissions de CO_2 dans leur propre pays. Ces mesures font augmenter le coût de production des entreprises, ce qui rend les produits de ces pays moins performants sur le marché international. Les entreprises des pays industrialisés qui ont atteint leur quota d'émission de CO_2, pour ne pas payer de pénalités, seront amenées à délocaliser leur production dans les pays qui n'ont pas atteint leur quota d'émission de CO_2 et où les monnaies sont sous-évaluées. Mais les entreprises qui délocalisent font augmenter la consommation et le gaspillage des ressources énergétiques du fait du transport de leurs produits. Les entreprises qui agissent de la sorte font donc augmenter les émissions de CO_2. On voit pourquoi la libre circulation des marchandises dans le cadre des taux de change arbitraires rend certains pays réticents à prendre des mesures afin de favoriser la production des énergies renouvelables : l'utilisation de ces énergies ferait augmenter le coût de production, au moins dans un premier temps.

Par conséquent, tant que le fonctionnement des économies nationales et de l'économie internationale sera régi par des règles arbitraires, comme c'est le cas actuellement, il n'y aura pas de salut pour préserver l'avenir du vivant. Nous l'avons vu, dans le cadre du fonctionnement actuel, les mesures prises ne permettent pas de diminuer l'exploitation, l'utilisation, le gaspillage des ressources naturelles ni la pollution. Or, c'est la théorie néoclassique qui permet d'établir des règles fallacieuses. Il est donc urgent de l'abandonner. Il est urgent d'agir, car il n'est pas certain qu'une prise de conscience trop tardive permette d'effacer les dégâts causés par l'action de l'Homme dans les domaines d'une production et d'une consommation non raisonnées, donc effrénées. Il est urgent d'appliquer enfin les règles déduites des principes établis par la théorie économique rationnelle que je propose.

En effet, nous verrons dans le prochain chapitre que lorsque ces nouvelles règles seront appliquées, les mesures prises en faveur de l'avenir du vivant pourront être appliquées sans entraves. En fait, cet optimisme a principalement deux raisons : 1° L'application de ces nouvelles règles écartera le fait de pouvoir gagner de l'argent avec de l'argent, elle écartera donc la recherche d'une rentabilité maximale des placements. 2° Dans le cadre de l'application de ces règles, les taux de change seront établis dans le respect de la parité des pouvoirs d'achat, ce qui fera disparaitre la concurrence inégale entre les pays. Par conséquent, la disparition de la cause de la recherche d'une rentabilité maximale des placements et la disparition de la cause de la concurrence inégale ouvriront la voie pour chaque pays et pour tous les pays afin qu'ils puissent utiliser les techniques de production les moins polluantes et appliquer les mesures prises en faveur de la planète.

Chapitre III

Economie durable et humaine

I. Introduction

Nous avons vu que, dans le cadre d'une économie dont le fonctionnement est régi par des règles arbitraires, il n'y a de salut ni pour une économie humaine ni pour une économie durable. La théorie économique actuellement dominante est partisane, elle n'a pas de fondement rationnel. Elle a été établie dans le non-respect de l'éthique scientifique. De ce fait et en dernière analyse, dans le cadre de cette théorie, c'est la loi du plus fort qui s'impose. Les règles établies par cette théorie sont arbitraires, elles peuvent changer en fonction des circonstances, des intérêts en jeu et des rapports de force. L'application de ces règles est à l'origine des maux qui frappent les économies nationales et l'économie internationale.

Or, pour établir toute théorie scientifique, et les théories économiques doivent être scientifiques, il faut respecter l'éthique scientifique. En tant que science, l'économie a des principes ou lois, qui sont vraies dans le temps et dans l'espace. La théorie économique rationnelle que je propose respecte l'éthique scientifique, elle établit les principes de l'économie desquels sont déduites logiquement les règles dont le respect assure le fonctionnement normal de l'économie. Ainsi, par exemple, le respect de ces règles ne fait apparaître ni gagnants ni perdants, au niveau national comme au niveau international.

Les théories économiques jusqu'à présent se sont préoccupées essentiellement de savoir comment produire plus pour gagner plus, au prétexte de mieux satisfaire les besoins économiques, mais sans se soucier le moins du monde de la nature ni des droits économiques d'une majorité de la population. A l'inverse, la théorie que je propose peut faire comprendre qu'il est possible de satisfaire au mieux les besoins économiques des individus dans le respect des droits économiques et sociaux de tous ceux qui participent à la réalisation de la production, tout en préservant les ressources naturelles, l'avenir de la planète et du vivant. C'est sur cette théorie que peut se fonder une économie durable et humaine.

En ce sens, l'économie humaine, au niveau national, sera une économie où l'on ne vivra plus pour travailler, mais où l'on travaillera pour vivre, où l'économie sera au service de l'Homme, où ce ne sera plus l'inverse et bien sûr où l'on ne pourra plus gagner de l'argent avec de l'argent. Ce sera une économie où chacun obtiendra une part du produit selon sa participation à la réalisation de la production, où les travailleurs ne seront plus spoliés ni exploités, où les conflits sociaux dus aux relations économiques n'existeront plus, où les consommateurs ne seront pas trompés, où la concurrence déloyale n'existera plus, où la protection sociale sera généralisée. Ce sera une économie où le progrès technique dans le domaine de la production sera aussi et surtout mis au service des travailleurs, où il ne sera plus utilisé pour augmenter l'exploitation des travailleurs et des ressources naturelles.

L'économie humaine, au niveau international, sera une économie où les tensions dues aux relations économiques entre les pays seront apaisées. Ce sera une économie où les échanges internationaux ne feront apparaître ni pays gagnants ni pays perdants, ni pays dominants ni pays dominés, où les financiers ne seront plus les maîtres du monde du seul fait qu'on n'aura plus besoin de financiers, où disparaîtront les spéculations sur le marché des matières premières, sur le marché des produits alimentaires, sur le marché monétaire, sur le marché financier, qui n'existera plus, où disparaîtra la concurrence inégale au niveau international, où l'on ne pourra plus gagner de l'argent avec de l'argent, où les résultats du savoir ne seront plus considérés comme des marchandises mais seront mis à la disposition de tous (il n'y aura plus de brevets payants ni de royalties), où il y aura une solidarité entre les pays les plus avancés et les moins avancés économiquement (tant qu'elle sera nécessaire), où les organisations internationales ne seront plus au service de certains pays et de certaines catégories mais au service de tous les pays et de l'ensemble de la population mondiale.

L'économie durable sera une économie où l'on tiendra compte de la limite des ressources naturelles non renouvelables, où l'on tiendra compte de la fragilité des ressources naturelles dégradables, où la croissance des produits matériels dont la production nécessite l'exploitation des ressources naturelles non renouvelables sera limitée, voire diminuée, où l'on prendra des mesures pour préserver les ressources naturelles dégradables, où la production et la consommation seront raisonnées, où les lieux de production et de consommation seront les plus proches possible, où seront prises des mesures pour développer la production des énergies renouvelables, où seront prises des mesures pour favoriser les économies d'énergie, où seront prises des mesures pour développer et généraliser le recyclage des ressources naturelles utilisées.

L'économie durable et humaine sera au service de l'Homme et préservera la nature. Elle respectera les travailleurs (quel que soit leur rang), les consommateurs, l'environnement, les ressources naturelles. En d'autres termes, l'économie durable et humaine tiendra compte des risques de la mise en danger de l'avenir de la planète et de l'avenir du vivant, tout en tentant de satisfaire les besoins économiques, dans la limite du possible et du raisonnable. En fait, nous verrons que les résultats positifs que nous avons évoqués seront réalisés sans entraves lorsque seront appliquées les règles du fonctionnement normal de l'économie.

Les réalisations de l'économie durable et celles de l'économie humaine vont de pair. En effet, l'économie humaine sans l'économie durable hypothèque l'avenir des générations futures et à terme met en danger l'avenir du vivant. L'économie durable sans l'économie humaine est un leurre, car elle n'écarte pas les intérêts mercantiles de certaines catégories qui, pour gagner plus, produisent plus. Elle n'écarte pas la spoliation et l'exploitation des travailleurs, la possibilité de pouvoir tromper les consommateurs, etc. L'économie durable sans l'économie humaine méprise les droits économiques et sociaux de l'immense majorité de la population.

II. Les conditions de la réalisation de l'économie durable et humaine

Plusieurs conditions doivent être réunies pour rendre possible la réalisation de l'économie durable et humaine.

1° Cette économie doit s'appuyer sur une théorie économique rationnelle, non partisane, capable d'établir les principes ou lois de l'économie. De ces principes sont déduites logiquement les règles dont l'application assure le fonctionnement normal, harmonieux, de l'économie nationale et de l'économie internationale. Cette théorie, ces principes et ces règles existent (cf. Chapitre IV). Ces règles régissent essentiellement le fonctionnement du marché et le fonctionnement des organismes nationaux et internationaux qui sont en rapport avec l'économie. Par exemple, ces règles régissent au niveau national le fonctionnement du système bancaire et au niveau international le fonctionnement du système monétaire et financier international.

L'application de ces règles, au niveau national, écartera les prélèvements indus. Elle écartera les causes de l'apparition des prélèvements illégitimes. Elle écartera donc la possibilité de gagner de l'argent avec de l'argent, mais aussi, de ce fait, la spoliation et l'exploitation des travailleurs. Enfin, elle permettra à chacun d'obtenir une part du produit selon sa participation à la réalisation de la production. L'application de ces règles permettra de réaliser le profit dans le cadre de l'équilibre monétaire. Elle écartera la nécessité de l'existence des marchés financiers. Elle écartera les causes de l'apparition du dysfonctionnement de l'économie nationale. Elle écartera la concurrence déloyale à l'intérieur des pays. Ces règles détermineront la destination du revenu. Elles détermineront la véritable destination du profit. Le respect de ces règles créera les conditions permettant de respecter les travailleurs et les consommateurs.

Au niveau international, le respect de ces règles imposera la nécessité d'établir les taux de change dans le respect de la parité des pouvoirs d'achat. Et c'est là la grande nouveauté. On ne pourra alors plus faire croire que la main d'œuvre est moins chère dans certains pays que dans d'autres, pour ne prendre que cet exemple, ce qui résoudra en grande partie le problème du chômage dans les pays industrialisés en écartant les délocalisations. Les taux de change ainsi établis permettront de réaliser les échanges internationaux dans l'équivalence. Ces taux de change écarteront la concurrence inégale au niveau international, évitant ainsi l'apparition de pays gagnants et de pays perdants. Les règles du fonctionnement normal des échanges internationaux imposeront la nécessité d'une nouvelle et véritable Banque mondiale, qui monétisera les échanges et prendra en charge les créances et dettes des pays exportateurs nets et des pays importateurs nets. Le fonctionnement de cette nouvelle Banque, régi par ces règles, écartera les causes de l'apparition de pays dominés et de pays dominants. Il écartera la cause de l'apparition de la liquidité internationale. Il écartera la nécessité de l'existence d'un marché financier au niveau international. La disparition de ce marché écartera donc les spéculations financières et crises financières internationales. Elle écartera les mouvements des capitaux financiers à travers le monde. Elle écartera les spéculations sur le marché des matières premières, sur le marché des produits alimentaires, etc. Le respect des règles des économies nationales et de l'économie internationale écartera les délocalisations qui ont un objectif mercantile.

Qui plus est, l'application des règles du fonctionnement normal des économies nationales et de l'économie internationale facilitera et favorisera l'application et la réalisation des mesures prises en faveur de l'amélioration des conditions de travail et de la diminution de la durée de travail. L'application de ces règles facilitera et favorisera l'établissement de la protection sociale. Elle facilitera et favorisera l'application et la réalisation des mesures prises pour sauvegarder l'avenir de la planète et du vivant.

2° Autre condition indispensable, il faudra, au niveau national, des dirigeants politiques qui fassent appliquer les règles du fonctionnement normal de l'économie nationale. L'application de ces règles mettra en cause certains "privilèges", tels que par exemple, pouvoir gagner de l'argent avec de l'argent, pouvoir créer la concurrence déloyale et la concurrence inégale, pouvoir spéculer sur le marché monétaire, sur le marché des matières premières, sur le marché des produits alimentaires, etc., c'est pourquoi elle exigera des dirigeants politiques intègres, courageux, décidés et donc indépendants de toutes sortes de lobbies. De tels politiques ne chercheront pas le pouvoir pour le pouvoir, ils seront véritablement au service de leur pays et de sa population.

3° L'application des règles du fonctionnement normal des échanges internationaux nécessitera l'existence, essentiellement, de deux organisations internationales : une nouvelle et véritable Banque mondiale et une nouvelle et véritable Organisation Mondiale du Commerce (l'OMC). Les dirigeants de ces organisations auront la responsabilité d'appliquer et de faire appliquer les règles du fonctionnement normal de l'économie internationale. L'application de ces règles aussi mettra en cause les "privilèges" de quelques pays et de quelques milliers d'individus qui s'enrichissent, jusqu'à présent, aux dépens de certains pays et de l'immense majorité de la population mondiale. En effet, l'application de ces règles écartera, par exemple, les privilèges de certains pays et ceux à qui profitent l'existence et l'apparition de pays gagnants et de pays perdants, les pays dominants et les pays dominés, car ils n'existeront plus. Elle écartera les privilèges de ceux à qui profitent l'existence et l'augmentation de la liquidité internationale, car il n'y en aura plus. Elle écartera les privilèges de ceux à qui profite l'existence des spéculations sur le marché des produits alimentaires, sur le marché des matières premières, sur le marché financier. En effet, la disparition de la liquidité internationale fera disparaître la nécessité de l'existence d'un marché financier au niveau international. Elle écartera les privilèges des individus tels que, par exemple, les financiers des entreprises, car il n'y en aura plus et on comprendra alors que ces individus ne sont d'aucune utilité. Elle écartera les privilèges des importateurs, car ils ne pourront plus piller certains pays par la ruse (c'est-à-dire par des taux de change arbitraires). Elle écartera les privilèges des tricheurs, des fraudeurs, des mafieux et des criminels, du fait qu'ils ne pourront plus placer leur argent sur le marché financier international, car celui-ci n'existera plus. C'est pourquoi l'application de ces règles exigera des dirigeants des organisations internationales qu'ils soient intègres, compétents et indépendants de toutes sortes de lobbies. De tels dirigeants seront aussi indépendants de tous les pays et ils seront véritablement au service de tous les pays et de l'immense majorité de la population mondiale, cela du seul fait qu'ils appliqueront et feront appliquer les règles du fonctionnement normal de l'économie internationale.

4° L'application de certaines de ces règles exigera aussi quelques réformes. Il en sera ainsi, par exemple, de la réforme des systèmes bancaires nationaux et de la réforme du système monétaire et financier international. Le système bancaire réformé de chaque pays aura trois départements : un département monétaire, un département financier et un département du capital. Le nouveau système distinguera donc les rôles de chaque département bancaire. 1° Le département monétaire aura en charge la création et la destruction de la monnaie. Ce département, dans une économie salariale, émettra la monnaie qui sera destinée uniquement à monétiser la production dans l'acte de versement des salaires. Dans cet acte la monnaie se transforme en revenu monétaire. Seul le revenu ainsi formé représente le droit légitime sur les produits. 2° Le département financier interviendra dès que le revenu sera formé. Il prendra en charge le revenu ainsi que les prêts et les emprunts entre les ménages. 3° Le département du capital aura en charge la gestion du profit monétaire (dans certains cas et sous certaines conditions les prêts et les emprunts entre les ménages et les entreprises) et le montant représentant l'amortissement du capital. Ce département aura donc en charge le financement des investissements nets et le financement du capital de remplacement. Au fur et à mesure que le revenu monétaire sera dépensé dans les achats finals, ce revenu, ayant ainsi perdu son pouvoir d'achat, redeviendra monnaie et sera récupéré par le département monétaire. La récupération de la monnaie par ce département signifie sa destruction. Lorsque la totalité du revenu est dépensé dans les achats finals, la totalité de la monnaie qui a monétisé la production de la période considérée est récupérée et détruite. En effet, à chaque période le revenu apparaît avec la production et disparaît dans les achats finals. A la fin de chaque période, lorsque la totalité du revenu sera dépensée dans les achats finals, il ne restera plus ni revenu ni monnaie, ce qui restera ce seront les créances-dettes, gardées en mémoire par le deuxième et le troisième départements bancaires.

Le nouveau système bancaire national ne confondra plus les prêts monétaires et financiers. Il distinguera la monnaie du revenu monétaire. La monnaie sera destinée uniquement à monétiser la production dans l'acte de versement des salaires. Le respect de cette règle fera disparaître les prélèvements illégitimes et l'inflation-déséquilibre. Le revenu monétaire sera destiné uniquement à être dépensé sur le marché des produits. Il respectera la règle selon laquelle le profit est destiné uniquement à financer les investissements. Le respect de cette règle fera disparaître la principale cause du dysfonctionnement de l'économie. Nous avons vu que, lorsque l'épargne destinée aux entreprises est nulle, le profit est maximal. Le montant du profit maximal et le montant représentant l'amortissement du capital correspondent à un montant nécessaire et suffisant pour financer l'achat de biens d'investissement nets et l'achat de biens d'investissement de remplacement réalisés dans chaque pays considéré.

Le nouveau système bancaire national appliquera deux sortes de taux d'intérêt : monétaire et financier. Le taux d'intérêt monétaire sera fixé à un niveau permettant d'assurer les frais de fonctionnement du département monétaire. Ce taux d'intérêt monétaire écartera une sorte de seigneuriage exercé par le système bancaire actuel. Le taux d'intérêt financier sera fixé à un niveau qui permettra d'assurer les frais de fonctionnement du département financier et de compenser le taux d'inflation-hausse des prix, cela afin de préserver le pouvoir d'achat réel des épargnants. Les frais de fonctionnement du département du capital seront prélevés sur les comptes des entreprises afin d'assurer le coût du fonctionnement de ce département.

La réforme du système monétaire et financier international aboutira à la création d'une nouvelle et véritable Banque mondiale. Ce nouveau système aura deux départements, un département monétaire et un département financier. Son département monétaire émettra de la monnaie destinée uniquement à monétiser les échanges internationaux. A chaque période, pour les pays qui réalisent une balance commerciale équilibrée, la monnaie apparaît pour monétiser les échanges et elle disparaît lorsque les échanges sont terminés. Son département financier interviendra pour prendre en charge les excédents et déficits des balances commerciales de l'ensemble des pays qui participeront aux échanges internationaux. Par définition, l'ensemble des excédents commerciaux est égal à l'ensemble des déficits commerciaux, par conséquent, dans le nouveau système, ce sont les excédents des pays exportateurs nets qui financeront les déficits des pays importateurs nets. Ainsi à la fin de chaque période la Banque mondiale récupérera et détruira le montant de monnaie qui a monétisé les échanges internationaux. Il en résultera que le fonctionnement du nouveau système monétaire et financier international ne fera pas apparaître la liquidité internationale. Le département financier du nouveau système gardera en mémoire et gérera les créances des pays exportateurs nets et les dettes des pays importateurs nets. Le nouveau système ne fera apparaître ni pays dominants ni pays dominés, tous les pays seront à égalité. Le cadre de la nouvelle Banque mondiale facilitera la constitution d'un fonds de solidarité destiné aux pays les moins avancés économiquement. Ce fonds sera alimenté par un prélèvement sur l'ensemble des échanges internationaux. Le taux de ce prélèvement pourra être fixé entre 0,5% et 1%, en fonction des besoins des pays les moins avancés économiquement. Ces fonds seront mis à la disposition de chaque pays qui en aura besoin selon des modalités spécifiques bien déterminées.

La nouvelle Banque mondiale appliquera deux sortes de taux d'intérêt : monétaire et financier. Le taux d'intérêt monétaire sera fixé à un niveau qui lui permettra d'assurer les frais de fonctionnement du département monétaire. On peut estimer que ce taux sera inférieur à 0,5%. Il sera payé par tous les pays qui participent aux échanges internationaux. Le taux d'intérêt financier sera fixé à un niveau qui lui permettra d'assurer les frais de fonctionnement du département financier. Il sera payé par les pays déficitaires ou par le fonds de solidarité, selon les pays. On peut estimer que ce taux aussi sera inférieur à 0,5%.

5° Pour que les échanges entre les pays se réalisent dans l'équivalence, pour écarter l'apparition de pays gagnants et de pays perdants, pour écarter la concurrence inégale entre les pays sur le marché international, pour écarter les délocalisations qui ont un objectif mercantile, il faut que les taux de change soient établis dans le respect de la parité des pouvoirs d'achat. Lorsque les taux de change seront ainsi établis, aucun pays n'aura besoin ni d'imposer des droits de douane ou des taxes sur les importations, ni d'accorder des subventions aux exportations. La responsabilité de l'établissement et du contrôle des taux de change incombera à la nouvelle Banque mondiale. Les pays qui imposeront des taux de change arbitraires seront écartés du nouveau système monétaire et financier international et de l'Organisation Mondiale du Commerce (OMC). L'un des rôles de l'OMC sera de s'assurer qu'aucun pays membre de ces organisations n'exercera de dumping commercial pour favoriser ses exportations.

Le fonctionnement normal de l'économie nationale fera disparaître les causes de conflits sociaux à l'intérieur des pays, conflits dus aux relations économiques. Il fera aussi disparaître, par exemple, les prélèvements indus et illégitimes, la domination des financiers sur les travailleurs, etc. Il fera disparaître les délocalisations dont l'objectif est mercantile et il fera ainsi économiser des quantités importantes d'énergie, ce qui sera favorable à la planète.

L'existence du nouveau système monétaire et financier international et de la nouvelle Organisation Mondiale du Commerce facilitera et favorisera l'application des règles du fonctionnement normal de l'économie internationale. Ainsi seront écartées les causes actuelles de conflits, conflits dus aux échanges internationaux et aux relations financières entre les pays. C’est ainsi que s’établiront des relations normales et pacifiques entre tous les pays.

III. La diminution du temps de travail

Jusqu'à présent, les travailleurs dans leur majorité vivent pour travailler, ils ne travaillent pas pour vivre. En outre, actuellement, une exigence légitime et un objectif purement mercantile font perdurer cette situation et mettent en danger l'avenir de la planète et l'avenir du vivant. L'exigence légitime est la réalisation du plein-emploi afin de permettre à chacun d’obtenir un revenu grâce à sa participation à la réalisation de la production. L'objectif mercantile est de produire toujours plus pour gagner plus. De ce fait, l'épuisement des ressources naturelles non renouvelables et la dégradation des ressources naturelles dites renouvelables sont programmées par la course à la croissance.

La diminution du temps de travail constitue l'un des éléments qui permettraient de mettre fin à ces situations. Par conséquent, la diminution du temps de travail est à la fois une exigence et une nécessité qu'il est possible de réaliser, qu'il faut donc réaliser. Elle est une exigence, car elle permet aux travailleurs de dégager du temps libre pour eux-mêmes et pour leur famille. Elle est une nécessité, cela essentiellement pour deux raisons. Premièrement : il faut améliorer la situation de l'emploi dans tous les pays et particulièrement dans les pays industrialisés qui souffrent d'un chômage permanent. Deuxièmement : il faut ralentir la croissance, l'annuler et même diminuer la production dans certains secteurs. En d'autres termes, la diminution du temps de travail permettrait de diminuer la production matérielle, afin de préserver les ressources naturelles et de diminuer la pollution.

La diminution du temps de travail est possible, cela essentiellement pour deux raisons. Premièrement, l'industrialisation et l'évolution de la technologie ont permis d'améliorer de façon considérable la productivité du travail. En effet, actuellement dans certains secteurs, avec la même quantité de travail, il est possible de produire plusieurs fois plus qu'il y a quelques dizaines d'années. Deuxièmement, l'économie humaine écarte la concurrence inégale. De ce fait, chaque pays peut prendre des mesures en faveur de la diminution du temps de travail sans risquer d'être pénalisé sur le marché des produits au niveau international. Nous devons, en effet, passer d'une société où les travailleurs sont considérés comme des machines, où ils sont spoliés et exploités, où ils sont devenus une variable d'ajustement, à une société où ils ne seront plus spoliés ni exploités, une société où ils pourront enfin profiter véritablement de la vie. Il faut passer d'une société de production et de consommation-gaspillage à une société de production et de consommation raisonnées.

IV. Le cadre de l'économie durable et humaine facilite et favorise la réalisation du plein-emploi dans le respect de la nature

Le chômage représente la mise en friche d'une partie de la population en âge de travailler. Il est une cause de démoralisation et d'aliénation des travailleurs qui se trouvent sans emploi. Il fragilise les familles et la cohésion sociale. Il diminue les recettes de l'Etat. Il alourdit les dépenses des Etats dans les pays où les chômeurs sont indemnisés. Il diminue les recettes des organismes de protection sociale. Il est susceptible de devenir une cause d'augmentation de la délinquance. Dans une économie où il est possible de gagner de l'argent avec de l'argent, le chômage engendre aussi d'autres conséquences. Le chômage de masse constitue une menace pour les travailleurs qui ont un emploi. Il donne aux financiers des entreprises la possibilité de faire pression sur les travailleurs qui ont un emploi, par exemple, en proposant aux travailleurs qui ne sont pas d'accord avec les exigences de leur entreprise ou avec les conditions de travail de quitter l'entreprise car ils peuvent les remplacer par des travailleurs plus dociles. Le chômage leur offre l'occasion d'exiger des dirigeants politico-économiques, par des chantages sur l'emploi, qu'ils renoncent à prendre des mesures en faveur des travailleurs et même qu'ils reviennent sur certaines avancées sociales obtenues de haute lutte. Par ailleurs l'oisiveté forcée est une source de maux divers, dont l'insécurité, surtout pour les jeunes en âge de travailler. « Le travail éloigne de nous trois grands maux : l'ennui, le vice et le besoin » comme l'écrivait Voltaire. Cela est toujours vrai. Enfin, le chômage de masse peut constituer, pour des dirigeants incultes et nationalistes, un prétexte pour déclencher des conflits entre les différentes catégories de la population. En fait, une société où existe un chômage de masse est une société malade. Une économie dans laquelle les travailleurs souffrent d'être au chômage, souffrent de ne pas avoir un revenu grâce à leur participation à la réalisation de production, souffrent du fait que la précarité ne leur permet pas de préparer et de réaliser des projets d'avenir, ne peut pas être considérée comme une économie humaine.

Les pays industrialisés dans leur grande majorité souffrent de plus en plus du sous-emploi depuis plus d'une trentaine d'années. Or, ces pays auraient d'importantes possibilités pour améliorer la situation de l'emploi, réaliser le plein-emploi et même améliorer les conditions de travail, tout en préservant l'avenir de la planète. Toutefois, essentiellement deux conditions préalables sont nécessaires pour réaliser le plein-emploi et le maintenir.

Premièrement, il faut appliquer les règles du fonctionnement normal de l'économie nationale et de l'économie internationale. Par exemple, au niveau national, appliquer ces règles écarterait le fait de pouvoir gagner de l'argent avec de l'argent, ce qui permettrait d'éviter les licenciements dus aux calculs de rentabilité effectués actuellement par les financiers des entreprises. L'application de ces règles imposerait aux entreprises d'utiliser le profit uniquement pour financer des investissements dans chaque pays où le profit est réalisé. Au niveau international, nous avons besoin d'un nouveau système monétaire et financier international. Ce nouveau système faciliterait et favoriserait l'établissement des taux de change dans le respect de la parité des pouvoirs d'achat, ce qui permettrait d'écarter les licenciements provoqués par la concurrence inégale entre les pays. En fait, c'est cette concurrence inégale qui constitue l'une des principales causes de la faillite de certaines entreprises dans certains pays et donc des licenciements dus à la disparition de ces entreprises. Les taux de change ainsi établis écarteraient aussi les délocalisations qui constituent une autre cause importante du chômage actuel. En fait, le non-respect des règles du fonctionnement normal des économies nationales et de l'économie internationale fait passer les pays industrialisés d'une situation de plein-emploi à une situation de sous-emploi.

Deuxièmement, il nous faut des dirigeants politico-économiques qui prennent véritablement conscience qu'ils ont une importante responsabilité dans le fait de favoriser les conditions de la réalisation et du maintien du plein-emploi. A cette fin, ils ont la responsabilité de faire appliquer les règles du fonctionnement normal de l'économie au niveau national comme au niveau international. Ils ont la responsabilité de favoriser les conditions permettant de satisfaire au mieux les besoins économiques des habitants de leur pays par la production réalisée dans chaque pays concerné, selon les possibilités humaines, techniques et selon les ressources dont chaque pays dispose. Ils ont la responsabilité et la possibilité de favoriser le développement des secteurs dont la production ne met pas en danger l'avenir de la planète. Ils ont la responsabilité et la possibilité de favoriser le développement des secteurs dont la production permet de diminuer la pollution.

Dans cette section, nous présenterons quelques propositions dont l'application permettrait d'améliorer la situation de l'emploi dans les pays dits industrialisés, de rendre ces pays indépendants de l'importation de certains produits considérés comme nécessaires et de rendre ces pays de moins en moins dépendants de l'importation des ressources énergétiques, dans le souci de préserver l'avenir de la planète.

IV.1. Comment écarter les délocalisations et favoriser les relocalisations afin d'améliorer la situation de l'emploi dans chaque pays concerné ?

Depuis quelques dizaines d'années, pour satisfaire les besoins économiques de leur population, les pays industrialisés sont devenus de plus en plus dépendants, en partie ou en totalité, des importations d'habillement (vêtements, chaussures, etc.), d'appareils électroménagers, de moyens de transport (voitures, motos, vélos, etc.), de produits d'informatique, etc. La plupart de ces pays sont dépendants, depuis toujours, de l'importation des ressources énergétiques que sont le pétrole, le gaz, l'uranium, etc. L'ensemble de ces importations pèse lourdement sur leur balance commerciale, qui est déficitaire pour la majorité de ces pays. En fait, les pays qui sont dépendants de l'importation de ces produits et des ressources énergétiques ne peuvent pas être considérés comme véritablement indépendants du point de vue économique et politique. Or, jadis, ces pays produisaient au moins une grande partie des produits qu'ils importent aujourd'hui et ils jouissaient du plein-emploi. Depuis les années 1970, ils sont devenus de plus en plus dépendants de l'importation de ces produits et souffrent de plus en plus du sous-emploi. Tout cela parce que ces pays se désindustrialisent du fait des délocalisations. Si des mesures appropriées ne sont pas prises, ils risquent de se trouver dans la situation où se trouvent actuellement les pays en développement, situation de chômage permanent, de déficit chronique de la balance commerciale, ils risquent de voir le démantèlement de leur système de protection sociale ainsi que tous les conflits sociaux qui résultent de l'ensemble de ces situations.

Par ailleurs, on ne peut plus ignorer que les produits que ces pays importent sont réalisés parfois dans des conditions dégradantes voire inhumaines pour les travailleurs. Dans certains pays producteurs de ces produits, les entreprises utilisent des techniques de production extrêmement polluantes, ce qui n'est pas bon pour la planète. Certaines de ces entreprises emploient des enfants. En outre, ces produits sont réalisés dans des pays lointains, leur transport engendre d'importants gaspillages d'énergie et donc de la pollution. Une grande partie de ces produits sont réalisés dans des pays émergents ou en développement par les entreprises délocalisées.

Pour mettre fin aux délocalisations et favoriser les relocalisations, deux possibilités se présentent aux pays considérés, mais les conséquences et les résultats de leur application ne sont pas les mêmes. Première possibilité : comme le pensent certains, ces pays doivent rendre le travail de plus en plus flexible, baisser les salaires et les cotisations sociales afin de diminuer la concurrence inégale entre les produits réalisés dans ces pays et les produits qu'ils importent. L'application de ces mesures aggrave la situation des travailleurs, creuse les inégalités et met en danger l'avenir de la protection sociale, mais ne permet pas d'écarter la concurrence inégale. En effet, les monnaies de certains pays émergents ou en développement sont parfois plus de dix fois sous-évaluées par rapport à la monnaie de référence internationale. Deuxième possibilité, qui est celle que je propose : il suffirait d'appliquer l'une des règles du fonctionnement normal des échanges internationaux, à savoir l'établissement des taux de change dans le respect de la parité des pouvoirs d'achat, pour écarter la concurrence inégale.

Le FMI ayant actuellement la responsabilité d’établir les taux de change, les dirigeants de cette organisation internationale devraient assumer leur responsabilité. Or, ils ne l'assument pas et ils ne pourront pas l'assumer, cela essentiellement pour quatre raisons. 1° Ils ne l'assumeront pas tant que les dirigeants des pays industrialisés ne l'exigeront pas. Mais ces derniers ne l'exigeront pas tant qu'ils seront sous l'influence de leurs financiers et ils seront sous l'influence des financiers tant qu'il sera possible de gagner de l'argent avec de l'argent. 2° Les dirigeants du FMI ne pourront pas assumer leur responsabilité tant qu'ils seront sous l'influence de la théorie actuellement dominante qui considère la monnaie comme un bien et où c'est donc le marché qui doit déterminer le prix, le taux de change de chaque monnaie. 3° Ils ne pourront pas l'assumer tant que les dirigeants de certains pays imposeront le taux de change de leur monnaie. 4° Ils ne pourront pas l'assumer, car le système monétaire et financier international actuel fait apparaître la liquidité internationale, un marché financier international et un marché monétaire international sur lequel sont déterminés les taux de change actuellement. En effet, ces dirigeants pensent ou on leur fait croire que cette liquidité et ces marchés sont indispensables. On constate que, dans le cadre du fonctionnement actuel de l'économie, de la théorie actuellement dominante, du système monétaire et financier international actuel, il n'est pas possible d'établir les taux de change de l'ensemble des monnaies dans le respect de la parité des pouvoirs d'achat.

Des mesures provisoires existent pourtant afin de rendre les délocalisations moins profitables pour les financiers. Ces mesures pourraient être appliquées en attendant que la théorie actuellement dominante soit écartée et que le système monétaire et financier international soit réformé. Mais leur application va à l'encontre des exigences imposées ou des règles arbitraires établies par les organisations internationales telles que le Fonds Monétaire International et l'Organisation Mondiale du Commerce.

1° Les dirigeants d'un pays ou d'un ensemble de pays industrialisés pourraient prendre la décision de dévaluer leur monnaie, afin d'établir ou d'approcher la parité des pouvoirs d'achat de leur monnaie par rapport aux monnaies des pays émergents. Cette mesure permettrait de diminuer ou d'écarter l'effet de la concurrence inégale sur le marché international entre leurs produits et les produits qu'ils importent. Elle écarterait les délocalisations et favoriserait les relocalisations. Toutefois, cette mesure va à l'encontre de l'une des exigences du FMI. En effet, les pays membres de cette organisation internationale doivent demander et obtenir l'accord de cette organisation pour pouvoir faire varier leur taux change.

2° Les dirigeants de chaque pays pourraient prendre la décision d'imposer, sur les produits qu'ils importent, des taxes et des droits de douane proportionnels à la sous-évaluation des monnaies des pays exportateurs de ces produits. Cette mesure aussi permettrait de diminuer ou d'écarter les effets néfastes de la concurrence inégale. Elle écarterait les délocalisations et favoriserait les relocalisations. Mais cette mesure va aussi à l'encontre des exigences d'une autre organisation internationale, l'OMC, qui exige la libre circulation des marchandises sans entraves. Or, tant que les taux de change sont établis arbitrairement, tous les pays devraient avoir le droit d'imposer des droits de douane et des taxes, pour pouvoir sauvegarder leurs industries et défendre leurs emplois. En fait, la libre circulation des marchandises sans entraves ne devrait s'appliquer que si les taux de change étaient établis dans le respect de la parité des pouvoirs d'achat.

Les situations que nous venons d'évoquer ne sont que deux exemples parmi d'autres, qui permettent de constater que les financiers, grâce à leurs lobbies et avec l'aide de la théorie économique actuellement dominante, ont pu exiger de ces organisations internationales d'établir des exigences et des règles arbitraires en leur faveur. Ce sont ces exigences et ces règles qui limitent de façon considérable les actions des dirigeants des pays qui souhaiteraient prendre des mesures afin de protéger leurs industries et leurs emplois.

Dans l'économie humaine, telle que je l'envisage et telle que ma théorie le permettra, les taux de change seront établis dans le respect de la parité des pouvoirs d'achat. Les entreprises délocalisées qui avaient pour objectif de produire dans certains pays pour vendre dans d'autres pays seront alors obligées de relocaliser. Ces relocalisations mettront ou remettront en marche la production de chaussures, de vêtements, d'appareils électroménagers, etc. Par conséquent, ces relocalisations et la création de nouvelles entreprises permettront d'améliorer, de façon significative, la situation de la balance commerciale et de l'emploi dans les pays considérés. En fait, pour diminuer le poids des importations, améliorer la situation de l'emploi, diminuer le gaspillage d'énergie dû au transport des marchandises de par le monde et diminuer la pollution partout dans le monde, il faut rapprocher les lieux de production des lieux de consommation. En d'autres termes, il faudra parvenir à une situation où chaque pays réalisera les produits dont il a besoin selon ses possibilités humaines, techniques et les ressources dont il dispose. Or, seul le cadre de l'économie humaine permettra d'atteindre l'ensemble de ces objectifs.

Il est vrai qu'actuellement l'application de cette mesure rencontre des résistances, essentiellement de la part des financiers à qui profitent les taux de change arbitraires. Mais, lorsque l'économie humaine sera mise en place, la possibilité de gagner de l'argent avec de l'argent sera écartée. Cette nouvelle situation facilitera et favorisera les conditions de la détermination des taux de change dans le respect de la parité des pouvoirs d'achat. En effet, lorsque la nouvelle Banque mondiale sera mise en place, il n'y aura plus de marché monétaire international, par conséquent, les taux de change ne pourront plus être déterminés par l'offre et la demande des monnaies.

IV.2. Les mesures à prendre en faveur de la production des énergies renouvelables afin de diminuer la facture des énergies importées et la pollution et afin d'améliorer la situation de l'emploi

La production industrialisée et le mode de vie dans les pays industrialisés ont fait augmenter de façon considérable la consommation d'énergie. Or, les ressources énergétiques non renouvelables sont limitées donc épuisables. En outre, l'exploitation et l'utilisation de ces ressources engendrent la dégradation de l'environnement et la pollution. Par conséquent, ce mode de production et ce mode de vie sont condamnés à disparaître. Pour éviter le retour au temps des cavernes et pour éviter la mise en danger du vivant, des mesures urgentes doivent être prises, essentiellement dans les domaines des énergies renouvelables et des économies d'énergie.

En outre, l'importation de ressources énergétiques non renouvelables (pétrole, gaz, charbon, uranium, etc.) coûte, chaque année, des dizaines de milliards de dollars à chaque pays industrialisé et pèse lourdement sur sa balance commerciale. Les pays importateurs de ces sources d'énergie ne sont pas indépendants vis-à-vis des pays exportateurs. Ils sont à la merci de toutes sortes de conflits et de tensions politiques entre ces pays et d'autres pays ou à l'intérieur même de ces pays. Enfin, l'utilisation de ces ressources met en danger l'avenir du vivant.

Pour alléger le poids financier de ces importations sur leur balance commerciale, pour diminuer leur dépendance vis-à-vis de ces importations et de ces pays, pour préserver l'avenir du vivant et pour améliorer la situation de l'emploi, les dirigeants des pays importateurs ont l'obligation, financière et morale, de prendre toutes les mesures nécessaires pour favoriser la production d'énergies renouvelables, en encourageant la recherche dans ce domaine, et pour réaliser des économies d'énergie. La production des énergies renouvelables favorise une croissance saine (croissance qui ne pollue pas et même diminue la pollution), améliore la situation de l'emploi, augmente les recettes de l'Etat, les recettes du système de protection sociale et rend le pays de moins en moins dépendant des pays exportateurs de ressources énergétiques non renouvelables.

Pour résoudre le problème du financement public destiné à soutenir, favoriser, encourager la production des énergies renouvelables et la recherche dans ce domaine, les gouvernants doivent tenir compte de plusieurs éléments. 1° Les nouvelles énergies vont faire baisser au fur et à mesure l'importation des ressources énergétiques non renouvelables, ce qui est favorable à la balance commerciale et tend à rendre le pays indépendant des ressources énergétiques importées. 2° La production d'énergies renouvelables va améliorer la situation de l'emploi et donc faire baisser les dépenses de l'Etat consacrées à indemniser les chômeurs. 3° Elle va faire retomber aussi les tensions sociales. 4° L'amélioration de l'activité économique va augmenter les recettes de l'Etat et les recettes de la protection sociale. 5° Enfin elle va diminuer la pollution et les dépenses de santé dues à la pollution.

Pour connaître le montant de crédit à allouer pour favoriser la production des énergies renouvelables, les gouvernants peuvent calculer, d'une part les économies que leur pays peut ainsi réaliser, d'autre part l'augmentation des recettes de l'Etat et de la protection sociale. Prenons l'exemple de l'effet que peuvent avoir certaines décisions sur le coût de l'importation d'énergie.

Supposons que, pour un pays, le coût annuel de l'importation d'énergie non renouvelable soit de 70 milliards de dollars. Supposons que ce pays décide de diminuer l'importation de ces ressources de 50% en dix ans. Ce pays peut allouer, sur dix années, l'équivalent de 35 milliards de dollars au financement des investissements destinés à la production des énergies renouvelables. Les dirigeants, pour connaître le montant total des crédits à allouer, peuvent aussi calculer le montant de la diminution des charges sur les dépenses sociales de l'Etat et l'augmentation de ses recettes, grâce à l'amélioration de la situation de l'emploi. Toutefois, il serait souhaitable que les dirigeants veuillent allouer encore plus de crédits en fonction de leurs ambitions pour leur pays, afin d'accélérer l'augmentation du pourcentage d'énergies renouvelables par rapport au total des énergies consommées chaque année dans leur pays (pour plus de précision sur les possibilités de financement, cf. section V). Il est vrai que certains de ces investissements peuvent ne pas être rentables, au sens néoclassique, à court terme. Mais les dirigeants clairvoyants et décidés doivent avoir une vision à moyen et long termes, en particulier dans ce domaine, car l'indépendance énergétique de leur pays et l'avenir du vivant sont en cause. Précisons que dans le cadre de l'économie humaine le problème de rentabilité des placements au sens néoclassique ne se posera plus.

La recherche de solutions aux problèmes énergétiques est un exemple, parmi d'autres, qui permet de constater que le cadre de la théorie dominante actuelle n'est pas favorable à la réalisation de l'économie durable, cela pour cinq raisons liées. Premièrement, du fait que dans le cadre de cette théorie l'épargne constitue la principale source du financement des investissements.

Deuxièmement, du fait que dans le cadre de cette théorie il est possible de gagner de l'argent avec de l'argent. Par conséquent, tout investissement doit être rentable. Tout investissement doit permettre de rémunérer les financiers qui ont placé leur argent. Il en résulte que tout investissement qui n'est pas rentable ou qui n'est pas suffisamment rentable pour les financiers ne sera pas entrepris ou sera abandonné. Troisièmement, du fait que dans le cadre de cette théorie les taux de change sont arbitraires. Quatrièmement, du fait que la production des énergies renouvelables fait augmenter, au moins au départ, la facture d'énergie pour les ménages et les entreprises dans les pays concernés. Cinquièmement, du fait que tous les pays ne prennent pas la décision et n'appliquent pas en même temps les mesures nécessaires pour remplacer les énergies provenant de ressources naturelles non renouvelables par des énergies renouvelables.

C'est pourquoi certains pays, pour ne pas alourdir le coût de production de leurs entreprises, s'adonnent à la facilité et continuent à produire des énergies provenant de ressources naturelles non renouvelables, donc polluantes. Dans le monde actuel, où les taux de change sont déterminés arbitrairement, cette situation crée, à court et moyen termes, une concurrence inégale entre les pays qui produisent et utilisent les énergies renouvelables et les autres. Cette concurrence inégale constitue un frein pour les pays qui souhaiteraient se lancer à fond dans la production des énergies renouvelables.

L'économie humaine n'est pas compatible avec le fait de pouvoir gagner de l'argent avec de l'argent. Elle fait donc disparaître le calcul de rentabilité des investissements au sens néoclassique. Dans le cadre de cette économie, les taux de change seront établis dans le respect de la parité des pouvoirs d'achat. Ainsi seule l'économie humaine fait disparaître la concurrence inégale et favorise donc le développement de la production des énergies renouvelables dans chaque pays. Par conséquent, il faut écarter l'influence de la théorie néoclassique, il faut l'abandonner, car dans le cadre de cette théorie, point de salut pour l'avenir de l'humanité.

IV.3. Les économies d'énergie

Essentiellement cinq éléments importants jouent en faveur des décisions qui doivent être prises pour diminuer la consommation d'énergie et réaliser des économies d'énergie. Premièrement, il faut diminuer la facture des importations d'énergie de chaque pays concerné, toutes choses étant égales par ailleurs. Deuxièmement, il faut diminuer la facture énergétique des entreprises et des ménages. Troisièmement, nous l'avons vu, les ressources des énergies non renouvelables sont limitées, donc épuisables. Quatrièmement, les énergies renouvelables se développent lentement, en outre, dans l'état actuel des connaissances et de la technique, elles ne pourraient pas satisfaire toute la demande d'énergie à court terme, surtout la demande engendrée par les modes de production et de consommation actuels. Cinquièmement, les économies d'énergie et la diminution de la consommation d'énergie permettent de diminuer la pollution.

Par conséquent, les dirigeants de tous les pays doivent prendre toutes sortes de mesures fortes afin de favoriser les économies d'énergie (par exemple, isolation des bâtiments) et pour diminuer la consommation d'énergie (par les entreprises, par les ménages, par les administrations, par les collectivités locales, etc.). En outre, les gouvernants doivent fixer des normes pour que la réalisation de nouvelles constructions, de toutes sortes de productions et de produits dont l'utilisation nécessite de l'énergie, consomment de moins en moins d'énergie (électroménager, voitures, bâtiments, etc.). Les chantiers créés pour mettre en place ces mesures et ces normes sont créateurs d'emplois, ce qui favorise la croissance économique et améliore la situation de l'emploi, tout en diminuant la facture énergétique du pays, des entreprises et des ménages. L'amélioration de la situation de l'emploi permet de diminuer les dépenses sociales de l'Etat et d'augmenter ses recettes et celles des organismes de protection sociale.

Les Etats doivent faciliter et favoriser les crédits accordés par les organismes privés et surtout publics destinés à financer toutes les mesures qui permettent de réaliser des économies d'énergies. Certaines de ces dépenses peuvent être engagées directement par des organismes publics ou privés. Les économies d'énergie réalisées diminueront la facture énergétique du pays, des entreprises et des ménages et elles pourront constituer une base de remboursement, étalé dans le temps, d'une partie ou de la totalité des dépenses engagées dans ce domaine. (Pour les modalités de financement cf. section V.)

IV.4. Le recyclage

Les ressources naturelles en minerais (matières premières non renouvelables) sont limitées en quantité et donc épuisables. Les exploitations industrialisées, de plus en plus sophistiquées, diminuent l'échéance de l'épuisement de ces ressources. Il faut limiter et même, à terme, arrêter leur exploitation afin de les préserver et de préserver l'environnement et l'avenir du vivant. Toutefois, à court et à moyen termes, la survie de pans entiers de l'industrie dépend de l'utilisation des matériaux qui sont extraits de ces minerais. Même si certains pensent que les recherches scientifiques peuvent trouver des matériaux de substitution, le recyclage de ces matériaux devient une urgence et une nécessité absolue. En effet, une bonne partie des matières premières sont recyclables. Le recyclage permettrait de préserver les minerais d'où sont extraits ces matériaux. Il permettrait de préserver l'environnement, de préserver l'avenir des industries qui les utilisent, de diminuer leur poids sur la balance commerciale des pays importateurs. Le recyclage généralisé permettrait en outre de diminuer d'une façon considérable le gaspillage, l'exploitation, l'utilisation des ressources naturelles non renouvelables et des ressources naturelles renouvelables mais dégradables.

Les activités de collecte des matériaux et de leur recyclage sont créatrices d'emplois. Nous l'avons vu, l'amélioration de la situation de l'emploi a des effets positifs sur le budget de l'Etat et améliore les recettes des organismes de protection sociale. Pour toutes ces raisons, les responsables politiques et économiques doivent prendre les mesures nécessaires afin de favoriser et d'encourager la création et le développement des centres de collecte de matériaux recyclables et les industries de recyclage.

IV.5. La recherche

La recherche joue un rôle prépondérant dans les domaines des énergies renouvelables, des économies d'énergie, du recyclage et de la découverte de nouveaux matériaux de remplacement non polluants. Par conséquent, pour diminuer la facture énergétique, pour diminuer le gaspillage de toutes sortes de ressources naturelles et même pour écarter, à terme, l'exploitation et l'utilisation des ressources naturelles non renouvelables grâce à leur remplacement par de nouveaux matériaux, il faut favoriser la recherche et la développer. Il est urgent que les responsables politiques et économiques, au niveau national comme au niveau international, prennent les mesures nécessaires permettant de favoriser la création de centres dédiés à la recherche dans l'ensemble de ces domaines. Non seulement le développement de la recherche, mais aussi et surtout les retombées de la recherche dans ces domaines sont créateurs d'emplois.

Il est toutefois important de ne pas oublier la relation qui existe entre la recherche fondamentale et la recherche dont l'objectif est économique. En effet, dans la majorité des cas, ce sont les découvertes réalisées par la recherche fondamentale qui sont à l'origine des découvertes réalisées par la recherche dont l'objectif est économique. Par conséquent, les décisions prises doivent favoriser ces deux recherches à la fois.

Cette section permet de tirer plusieurs enseignements. 1° Elle permet de constater qu'il est urgent (pour les gouvernants, les entrepreneurs et les consommateurs) de prendre conscience de la limite des ressources naturelles non renouvelables. Nous devons donc nous attacher à tout faire pour parvenir à écarter leur exploitation, leur utilisation et leur consommation. 2° Elle permet de constater que les ressources naturelles renouvelables sont fragiles et dégradables, nous devons donc les préserver, pour ne pas hypothéquer l'avenir des générations futures, pour diminuer la pollution et pour préserver l'avenir du vivant. 3° Elle permet de constater que les possibilités d'améliorer la situation de l'emploi et de réaliser le plein-emploi existent. Il revient donc aux responsables politico-économiques, au niveau national comme au niveau international, de prendre et d'appliquer les mesures que nous avons évoquées afin d'améliorer la situation de l'emploi dans chaque pays et dans le monde. 4° Elle permet de constater que l'amélioration de la situation de l'emploi fait augmenter les recettes de l'Etat et diminuer ses dépenses sociales, ce qui donnerait à chaque Etat les moyens de financer les investissements favorables au développement des domaines que nous avons évoqués dans cette section. 5° Elle permet de constater que les pays importateurs d'énergies non renouvelables, en augmentant la part des énergies renouvelables, diminueraient leur facture due à l'importation de ces énergies et deviendraient de plus en plus indépendants des pays exportateurs de ces ressources énergétiques. 6° Elle permet de constater que, dans chaque pays, il est urgent de rapprocher les producteurs des consommateurs. 7° Elle permet de constater que le maintien d'une certaine croissance (due au travail consacré à la production des énergies renouvelables, aux économies d'énergie, au recyclage et à la recherche) et l'amélioration de la situation de l'emploi sont compatibles avec l'économie durable et humaine. En effet, dans le cadre de cette économie, l'application de ces mesures et décisions devient possible, cela essentiellement pour deux raisons. Premièrement, cette économie écarte la recherche de rentabilité des investissements (rentabilité au sens néoclassique). Deuxièmement, le cadre de cette économie facilite et favorise l'établissement des taux de change dans le respect de la parité des pouvoirs d'achat, ce qui écarte la concurrence inégale entre les pays.

Précisons que, même actuellement, chaque pays, indépendamment de tous les autres, peut prendre des mesures pour favoriser les économies d'énergie, le recyclage et la recherche. En effet, les dépenses engagées dans ces domaines ne pénalisent pas les produits de ces pays sur le marché international.

V. Les possibilités de financement des propositions présentées en faveur de l'environnement et de la situation de l'emploi

L'application de la proposition de diminuer le temps de travail ne nécessite pas de financement particulier, en revanche, elle nécessite l'établissement des taux de change dans le respect de la parité des pouvoirs d'achat. Mais la mise en place des autres propositions présentées dans la section précédente nécessite un financement. Nous avons jusqu'ici simplement évoqué quelques possibilités pour financer la réalisation de ces propositions afin d'améliorer la situation de l'emploi. Dans cette section, nous allons envisager les possibilités de financement d'abord dans le cadre du fonctionnement de l'économie actuelle, ensuite dans le cadre du fonctionnement de l'économie humaine.

1° *Les possibilités de financement des propositions en faveur de l'emploi dans le cadre du fonctionnement actuel de l'économie*

Nous avons vu que le chômage diminue les recettes de l'Etat et augmente ses dépenses sociales en faveur des chômeurs. Il résulte de cette relation directe entre, d'une part les recettes et les dépenses de l'Etat, d'autre part le chômage, que la baisse du chômage augmente les recettes de l'Etat et diminue ses dépenses sociales. Il existe aussi des relations indirectes. Il en est ainsi, par exemple, de la relation entre l'augmentation du chômage, l'augmentation de la délinquance, l'augmentation de l'insécurité et donc l'augmentation des dépenses sécuritaires de l'Etat. La diminution du chômage est donc susceptible de faire baisser aussi ces dépenses.

Les dirigeants politico-économiques peuvent estimer le montant que l'Etat pourrait consacrer à la mise en place de propositions telles que : la production des énergies renouvelables, les économies d'énergie, le recyclage et la recherche. Ce montant correspondrait aux effets bénéfiques de l'amélioration de la situation de l'emploi sur le budget de l'Etat. Supposons que, dans un pays, les manques à gagner du budget de l'Etat (manques dus au chômage) et ses dépenses sociales en faveur des chômeurs représentent 10% de son budget. Autrement dit, si le pays se trouvait dans une situation de plein-emploi, l'Etat pourrait disposer d'un budget qui serait de 10% supérieur. Supposons que les dirigeants de ce pays décident de planifier sur 10 ans le financement par leur budget (en partie ou en totalité) de la mise en place des propositions présentées en faveur de l'emploi. Dans ce cas, chaque année, ils pourraient consacrer 1% du budget de l'Etat à ce financement. Ainsi, un Etat, dont le budget est de quatre cents milliards, aurait la possibilité de consacrer chaque année quatre milliards à ce financement. L'amélioration de la situation de l'emploi permettrait à ce pays de disposer chaque année, peut-être avec un décalage, de 1% de plus. En d'autres termes, dans ce pays, l'Etat pourrait récupérer, grâce à l'augmentation de ses recettes et à la diminution de ses dépenses sociales, le montant avancé chaque année pour ce financement.

Nous devons distinguer la source du montant de monnaie nécessaire à rémunérer l'ensemble des travailleurs, quel que soit leur rang (employés dans les secteurs de la production d'énergies renouvelables, des économies d'énergie, du recyclage et de la recherche) du financement des investissements dans ces secteurs. Dans une économie où les banques respectent la règle de création de monnaie, elles avancent, en émettant de la monnaie, le montant de monnaie nécessaire à rémunérer l'ensemble des travailleurs. Elles récupèrent ce montant au fur et à mesure que les entreprises concernées vendent leurs produits. Par conséquent, dans le cas qui nous intéresse ici, l'intervention de l'Etat se limite à financer les investissements de l'ensemble de ces secteurs. Dans notre exemple, les quatre milliards seront destinés uniquement à financer les investissements de ces secteurs. Une fois les entreprises de ces secteurs pérennisées, elles pourront assurer leur autofinancement et même rembourser les avances de l'Etat, ce qui permettra à l'Etat de diminuer son déficit budgétaire et même de rembourser sa dette.

Il est vrai que la plupart des pays qui souffrent du sous-emploi ont un budget déficitaire, du fait essentiellement des manques à gagner dus à la situation de l'emploi. Les dirigeants de ces pays peuvent prendre comme prétexte le déficit budgétaire pour ne pas financer les propositions en faveur de l'emploi, de la nature et de l'environnement, car ils ne souhaitent pas aggraver ce déficit. Or, sans amélioration de la situation de l'emploi, le déficit budgétaire de l'Etat se perpétuera, la dette de l'Etat augmentera et les charges de la dette pèseront de plus en plus sur son budget. Dans le cadre du fonctionnement actuel de l'économie, il ne faut pas véritablement compter sur les investissements privés dans les secteurs qui ne sont pas considérés comme rentables, au sens néoclassique, à court terme. Par conséquent, si les dirigeants de ces pays souhaitent réellement améliorer la situation de l'emploi et de l'environnement dans leur pays et combler le déficit budgétaire de l'Etat et le déficit de la protection sociale dans l'avenir, ils doivent financer, par le budget de l'Etat, en partie ou en totalité, les propositions que nous avons présentées. Il serait possible aussi de créer un organisme qui financerait les investissements nécessaires dont le budget serait alloué par le groupe public Caisse des Dépôts.

2° *Le financement des propositions en faveur de l'emploi dans le cadre de l'économie humaine.*

Dans le cadre de l'économie humaine, nous pouvons établir les résultats et constats suivants : 1° Le profit et le montant représentant l'amortissement du capital seront pris en charge par le troisième département bancaire, le département du capital. 2° Dans chaque période, un certain nombre d'entreprises n'utiliseront pas une partie ou la totalité de leur profit ni le montant représentant l'amortissement de leur capital. 3° Les entreprises ne pourront plus placer leur profit ni le montant représentant l'amortissement de leur capital sur les marchés financiers, car ceux-ci n'existeront plus. 4° Dans cette économie, il ne sera plus possible d'utiliser le profit ni le montant représentant l'amortissement du capital pour financer l'implantation des entreprises dans d'autres pays que dans le pays où ces montants sont constitués. 5° Dans cette économie, il ne sera plus possible de gagner de l'argent avec de l'argent, dans ce cas de figure, l'épargne destinée aux entreprises tend vers zéro, par conséquent, le profit des entreprises considérées dans leur ensemble tend vers son maximum. Précisons que le montant du profit maximum est égal au montant des salaires versés par le secteur produisant des produits d'investissement. 6° Dans cette économie, il ne sera plus possible de gagner de l'argent avec de l'argent, donc le profit ne sera plus distribué. 7° Le profit monétaire ne sera plus utilisé comme fonds des salaires pour rémunérer les travailleurs salariés. 8° Le montant du profit non investi par les entreprises qui l'auront réalisé et le montant représentant l'amortissement de leur capital non utilisé par les entreprises qui l'auront constitué seront mis à la disposition d'autres entreprises qui en ont besoin, selon certaines règles. L'une de ces règles peut être celle-ci : une partie des montants non utilisés sera destinée à financer le développement et la création des entreprises considérées comme étant prioritaires pour chaque pays. Ainsi, une partie des montants non utilisés pourra aussi être mise à la disposition de l'Etat pour financer des investissements ou créer de nouvelles entreprises. En fait, une partie de ces montants non utilisés suffira à financer les investissements nécessaires au développement et à la création d'entreprises dans les secteurs de la production d'énergies renouvelables, des économies d'énergie, du recyclage et, bien sûr, dans la recherche. On le voit bien, dans cette économie, il ne sera pas absolument nécessaire que le budget de l'Etat intervienne dans le financement de ces secteurs. Toutefois, l'Etat devra se porter garant des prêts monétaires et financiers accordés à ces secteurs par le premier et le troisième départements bancaires.

3° *L'amélioration de la situation de l'emploi grâce aux emplois induits*

Dans la section précédente, nous avons parlé des emplois directs créés par l'application des mesures proposées, sans même évoquer les emplois induits. En effet, les emplois directs créés grâce à l'application des mesures proposées sont susceptibles d'induire de nouveaux emplois dits indirects. Les entreprises implantées dans une cité (les relocalisations, les entreprises de production des énergies renouvelables, les entreprises d'économies d'énergie, les entreprises de recyclage) sont susceptibles d'y générer de nouveaux emplois, qui apparaîtront ou réapparaîtront, par exemple des boulangeries, des salons de coiffure, des bureaux de poste, des écoles, des banques, des centres dédiés à la culture, etc. Ces emplois induits amélioreront encore la situation de l'emploi, ce qui fera augmenter les recettes de l'Etat et des organismes de protection sociale. Cette situation est symétrique. On peut voir là l'effet inverse de la fermeture des entreprises qui étaient autrefois implantées dans une cité et qui ont disparu peu à peu, entraînant la fermeture d'autres entreprises et un nombre de chômeurs croissant avec toutes les conséquences inhérentes à la baisse des recettes de l'Etat et des organismes de protection sociale.

VI. Quelques autres mesures aptes à rétablir ou à maintenir le plein-emploi sans mettre en danger l'avenir de la planète tout en améliorant les conditions de travail et la situation des travailleurs

Les propositions présentées dans la section IV pourraient s'avérer insuffisantes pour permettre de réaliser le plein-emploi dans tous les pays et en particulier dans les pays où le taux de chômage est élevé. En outre, nous avons évoqué la durée de travail mais nous avons passé sous silence les conditions de travail et les possibilités d'améliorer la situation des travailleurs. Or, ces améliorations constituent l'un des objectifs de l'économie humaine, dans le respect de l'économie durable.

Le problème est de savoir pourquoi jusqu'à présent on pense que l'amélioration de la situation de l'emploi n'est possible que dans une situation de croissance économique. En effet, certains auteurs, dont Keynes, ont établi une relation entre le niveau des investissements et le niveau de l'emploi, pour une technologie donnée. Ils ont établi aussi une relation entre l'augmentation des investissements et la croissance économique. Ils ont donc établi une relation entre la croissance économique et l'augmentation de la demande d'emploi par les entreprises. Cette relation signifie que plus de croissance donc plus d'investissements améliorent la situation de l'emploi, pour la même technologie de production. Toutefois, étant donné que la technologie change, il n'est pas certain que tout nouvel investissement soit créateur d'emplois. Dans certains secteurs, de nouveaux investissements sont susceptibles de faire diminuer le nombre des travailleurs qui y sont employés. C'est pourquoi, dans le cas où la technologie évolue, il faut investir de plus en plus afin d'atteindre un taux de croissance plus élevé pour espérer voir une amélioration de la situation de l'emploi. En d'autres termes, dans le cas d'une évolution de la technologie, si le taux de croissance n'est pas assez élevé, soit le niveau de l'emploi reste le même, soit la situation de l'emploi s'aggrave. En effet, un pays peut réaliser une croissance sans que la situation de l'emploi y s'améliore, et il est simple de le démontrer.

Le changement de la technologie est susceptible d'améliorer la productivité du travail. Prenons deux exemples. Premier exemple : dans une période T1, un pays réalise cent unités de produit, avec l'emploi de cent travailleurs sur une quantité donnée de capital. Dans la période suivante, T2, ce même pays réalise cent deux unités de produit, avec l'emploi de cent travailleurs sur une quantité de *capital nouveau*. Dans cet exemple, le *nouveau capital* a permis à ce pays de réaliser une croissance économique de 2% sans avoir eu besoin d'employer plus de travailleurs. Deuxième exemple : dans une période T'1, un pays réalise cent unités de produit, avec l'emploi de cent travailleurs sur une quantité donnée de capital. Dans la période suivante T'2, ce même pays réalise cent unités de produit, avec l'emploi de quatre-vingt-dix-neuf travailleurs sur une quantité de *capital nouveau*. Dans cet exemple, le *nouveau capital* a permis à ce pays de réaliser la même quantité de produits en employant un pour cent de travailleurs en moins. Précisons que nous avons supposé que dans les deux cas la durée de travail reste constante.

Ces exemples permettent de constater que, dans le cadre de cette relation entre le niveau d'investissement et le niveau de l'emploi, lorsque la technologie change, il faut investir plus pour maintenir le niveau de l'emploi et investir encore davantage pour améliorer la situation de l'emploi. C'est pourquoi durant plusieurs décennies, et jusqu'à présent, les responsables politiques et économiques ont défendu et défendent encore la croissance économique fondée sur cette relation. Pour améliorer la situation de l'emploi, il faut investir toujours plus, il faut produire toujours plus. Il apparaît clairement que, d'une part le progrès technique, le maintien de la durée de travail et l'objectif de réaliser le plein-emploi d'autre part la réalisation de l'économie durable ne sont pas compatibles.

Nous l'avons vu, la croissance matérielle telle qu'elle est réalisée depuis l'industrialisation met en danger, à plus ou moins long terme, l'avenir des ressources naturelles, l'avenir de la planète et donc l'avenir du vivant. La course à la croissance actuelle épuise les ressources naturelles non renouvelables, dégrade les ressources naturelles renouvelables et pollue la planète. Or, nous avons le devoir de léguer aux générations à venir une planète telle que nous l'avons reçue et si possible dans un meilleur état, car elle a subi d'importants dégâts, du fait de l'action de l'Homme, essentiellement depuis l'industrialisation.

Le progrès de la technologie peut avoir des effets négatifs ou positifs, selon qu'il est au service des hommes et de la planète ou au service des financiers des entreprises. Les effets négatifs sont, par exemple, la division extrême du travail dont le taylorisme est l'une des manifestations : travailleurs peu qualifiés et qui exécutent des tâches répétitives. Cette situation est illustrée dans les *Temps modernes*, film culte réalisé en 1936 par Charlie Chaplin. Ces conséquences négatives sont dues à la recherche d'une rentabilité maximale pour les placements, par l'augmentation effrénée de la production, par l'exploitation de plus en plus sophistiquée des ressources naturelles sans qu'il soit tenu compte des effets néfastes pour la nature et les travailleurs qui subissent ce mode de production. Ces travailleurs ne s'épanouissent pas dans le cadre de leur travail et, dans leur majorité, ils vivent pour travailler, ils ne travaillent pas pour vivre. Inversement les effets positifs apparaissent lorsque le progrès technique permet, par exemple, de diminuer la pénibilité et la durée de travail. Cette possibilité est offerte à tous les pays. Mais, actuellement, son application se heurte à une difficulté majeure : les taux de change arbitraires et leur corollaire, la concurrence inégale entre les pays.

Or, la diminution du temps de travail s'impose si l'on ne veut pas mettre en danger l'avenir de la planète et du vivant et aggraver la situation de l'emploi et un constat permet de voir pourquoi : le progrès technique permet de réaliser la même quantité de produit avec moins de travail, ou de produire plus avec la même quantité de travail. Il apparaît clairement que, si l'on ne diminue pas le temps de travail, on se trouve dans l'une des deux situations suivantes liées : Premièrement, si l'on maintient la même durée de travail et le même nombre de travailleurs, car on ne souhaite pas dégrader la situation de l'emploi, la croissance devient explosive avec ses conséquences néfastes pour la planète et pour le vivant. Deuxièmement, dans un monde où l'augmentation de produits matériels doit être limitée ou doit même diminuer et où le progrès technique permet de produire autant avec une quantité de travail moindre, il faudrait mettre une partie, de plus en plus importante, de la population au chômage. Or, aucune de ces deux situations n'est satisfaisante ni souhaitable.

Par conséquent, la véritable solution passe par la diminution du temps de travail, en rapport avec l'évolution technologique. Non seulement elle permet de préserver les ressources naturelles, de réaliser le plein-emploi ou de le maintenir et de diminuer les tensions sociales dues à l'existence du chômage mais elle permet aussi aux travailleurs de dégager du temps libre pour pouvoir se cultiver et s'occuper de leur famille. Pour toutes ces raisons, il est urgent que les dirigeants, au niveau national comme au niveau international, prennent conscience de la nécessité de limiter, voire de réduire la production matérielle et à cette fin de diminuer le temps de travail.

Pour que la réduction du temps de travail ne dégrade pas les conditions de travail de ceux qui ont un emploi et qu'elle donne les résultats escomptés sur l'avenir du vivant, il faut appliquer les règles du fonctionnement normal de l'économie. En effet, les règles arbitraires qui régissent le fonctionnement actuel de l'économie permettent aux financiers des entreprises, ceux qui gagnent de l'argent avec de l'argent, d'exiger que le niveau de la production soit préservé lorsque le temps de travail diminue. Cette exigence va à l'encontre des deux objectifs recherchés. D'une part, pour préserver le niveau de production, chaque travailleur, pour une durée de travail donnée (par exemple, une heure de travail), est contraint de produire plus qu'avant la réduction du temps de travail. Or, cette exigence n'est pas compatible avec l'un des objectifs annoncés, car son application fait augmenter la pression sur les travailleurs qui ont un emploi, dans le cas où cette situation n'est pas assortie d'un véritable changement de technique de production. D'autre part, l'application de cette exigence relance la course à la croissance matérielle, ce qui n'est pas compatible avec l'objectif qui est de préserver l'avenir du vivant.

L'économie humaine applique les règles du fonctionnement normal de l'économie. Elle écarte l'objectif mercantile qui est de gagner de l'argent avec de l'argent. Elle écarte la concurrence inégale au niveau international car, dans le cadre de cette économie, les taux de change seront établis dans le respect de la parité des pouvoirs d'achat. Elle est donc compatible avec la réduction du temps de travail et avec le maintien ou la réduction de la production matérielle. Par conséquent, elle est aussi compatible avec les exigences des contraintes de préservation de la planète. Lorsque les taux de change seront établis dans le respect de la parité des pouvoirs d'achat, chaque pays pourra prendre la décision de diminuer le temps de travail afin de réaliser le plein-emploi, d'améliorer la situation des travailleurs et de préserver l'avenir de la planète.

VII. Dans le cadre de l'économie humaine, dans chaque période, le profit et le montant représentant l'amortissement du capital seront mis à la disposition des entreprises qui en ont besoin

Dans l'économie actuelle, pour les financiers de chaque entreprise, le taux de profit représente un indicateur de rentabilité des placements et donc de développement. Dans une économie où il est possible de gagner de l'argent avec de l'argent, on fait croire que le profit appartient aux actionnaires ou aux propriétaires des moyens de production de l'entreprise concernée. Dans cette économie où les financiers des entreprises calculent constamment la rentabilité de leurs placements, les entrepreneurs, avec l'accord de leurs financiers, sont amenés à décider du partage du profit entre la part destinée à financer des investissements et la part destinée à verser des dividendes. Nous savons qu'actuellement, lorsque les entreprises contractent des emprunts, une autre part du profit est aussi destinée à verser des intérêts aux créanciers des entreprises. En outre, la part du profit investi fera augmenter le capital, le patrimoine, des actionnaires et des propriétaires, donc leur revenu futur. Par conséquent, dans l'économie actuelle, le profit n'échappe pas aux actionnaires ou propriétaires, même lorsqu'il est investi, il les enrichit, puisqu'ils voient augmenter leurs placements. Dans cette économie, tant que les investissements sont considérés comme suffisamment rentables, les financiers réalisent des investissements pour augmenter la production des entreprises rentables ou réaliser de nouveaux produits, afin d'augmenter le montant de leur profit, sans tenir compte des conséquences néfastes de leurs décisions sur l'épuisement des ressources naturelles non renouvelables, sur les ressources naturelles dégradables et sur l'avenir de la planète, sans tenir compte non plus de l'épuisement des travailleurs qui, eux, contrairement à certaines ressources naturelles, sont renouvelables puisqu'il suffit de puiser dans les rangs de "l'armée du chômage" ou de faire appel à la main-d'œuvre étrangère dans les périodes de suremploi (par exemple, durant les Trente Glorieuses). Il apparaît clairement que, dans cette économie, seule la rentabilité des placements guide les financiers des entreprises.

Or, le profit normal représente une partie du revenu des travailleurs captée par les entreprises. Selon le langage de certains économistes, on dit qu'il représente l'épargne forcée des travailleurs. Pour que le profit n'échappe pas définitivement aux travailleurs, il doit être destiné uniquement à financer les investissements nouveaux, compte tenu des contraintes permettant de préserver l'avenir de la planète. Ces investissements permettraient d'améliorer la situation de l'emploi, d'augmenter la production et donc d'améliorer le pouvoir d'achat réel de la population dans chaque pays considéré. Il en résulterait que, dans chaque pays, le pouvoir d'achat réel des travailleurs considérés dans leur ensemble augmenterait, quelles que soient les entreprises qui réalisent des investissements nouveaux, que ces entreprises aient réalisé ou non suffisamment de profit.

Nous avons vu que, lorsque l'épargne destinée aux entreprises est nulle, le profit des entreprises est maximal et le montant du profit maximal est un montant nécessaire et suffisant pour financer l'achat des biens d'investissements produits dans chaque pays. Nous avons vu enfin que, dans le cadre de l'économie humaine, on ne tiendra plus compte de la rentabilité des entreprises, au sens néoclassique, et c'est le département du capital du nouveau système bancaire qui prendra en charge le profit et le montant représentant l'amortissement du capital. Le montant de l'amortissement représente aussi une partie du revenu des travailleurs récupérée par les entreprises.

En réalité, toutes les entreprises qui réalisent un profit n'utilisent pas, pour financer des investissements, la totalité de leur profit ou elles ne l'utilisent pas du tout dans l'année où elles ont réalisé le profit. Dans l'économie humaine, le département du capital du nouveau système bancaire mettra à la disposition des entreprises qui en auront besoin le montant du profit et le montant représentant l'amortissement du capital non utilisés par les entreprises qui les ont constitués. En outre, l'économie durable et humaine respectera les contraintes imposées par la limite des ressources naturelles. Elle limitera ou même diminuera la réalisation des produits dont la production et l'utilisation nécessitent des ressources naturelles non renouvelables, dégradables et polluantes. Par conséquent, dans cette économie, certaines entreprises n'auront donc pas besoin de réaliser de nouveaux investissements pour augmenter leur production. Le profit réalisé par les entreprises qui n'ont pas besoin ou ne doivent pas augmenter leur production sera mis à la disposition des entreprises qui auront la possibilité d'augmenter leur production ou il sera destiné à la création de nouvelles entreprises dans le respect du développement durable.

Le taux d'intérêt des prêts accordés par le département du capital sera établi à un niveau qui permettra d'assurer une partie des frais de fonctionnement de ce département (l'autre partie sera assumée par l'ensemble des entreprises). En effet, il ne sera pas nécessaire, comme c'est le cas actuellement, de tenir compte de la hausse éventuelle du niveau général des prix, cela essentiellement pour trois raisons. D'une part il n'y aura plus de prélèvements indus ni illégitimes, ce qui augmentera de façon significative le pouvoir d'achat réel des travailleurs. D'autre part les écarts de revenus seront réduits, par conséquent les revendications salariales seront inexistantes ou limitées. Enfin des gains de productivité seront possibles, ce qui fera baisser le coût de production dans certains secteurs. Pour toutes ces raisons, le niveau général des prix ne sera pas tiré vers le haut, il restera stable, il pourrait même diminuer. En outre et surtout, étant donné que le profit représente une part du revenu des travailleurs captée par les entreprises, il appartient à tous les travailleurs, mais à aucun travailleur individuellement.

VIII. Pourquoi, dans le cadre de l'économie humaine, certaines entreprises n'auront plus besoin de réaliser du profit

Le profit est une nécessité même dans une économie humaine de croissance. Cela essentiellement pour deux raisons. Premièrement, c'est le profit qui permet aux entreprises de financer des investissements nouveaux. Deuxièmement, c'est le profit qui permet aussi aux entreprises de se désendetter vis-à-vis de leurs créanciers (l'épargne des ménages destinée aux entreprises). Mais dans une économie où il est possible de gagner de l'argent avec de l'argent il devient un objectif. En effet, c'est le profit qui permet aux entreprises de verser des dividendes et intérêts. En outre, dans ce type d'économie, le taux de profit est devenu l'indicateur de la bonne marche des entreprises. Mais il faut entendre par là l'indicateur de la bonne ou de la mauvaise rentabilité des placements. Dans une économie où il est possible de gagner de l'argent avec de l'argent, les entreprises qui ne réalisent pas de profit disparaissent et celles qui sont considérées comme n'étant pas suffisamment rentables risquent aussi de disparaître. Ces disparitions aggravent la situation de l'emploi dans chaque pays considéré.

Rappelons que le profit représente une partie du revenu des travailleurs captée par les entreprises. Nous l'avons vu, il est nécessaire pour les entreprises qui doivent financer leur développement ou honorer leurs dettes ou encore pour financer la création de nouvelles entreprises. Dans une économie où sont respectées les règles du fonctionnement normal de l'économie et où l'épargne destinée aux entreprises est nulle, le profit est maximal pour les entreprises considérées dans leur ensemble. Le montant du profit maximal est un montant nécessaire et suffisant pour financer l'achat du capital réalisé dans chaque pays considéré. Dans cette économie, le profit sera destiné uniquement à financer le capital des nouvelles entreprises et l'augmentation du capital des entreprises existantes afin d'augmenter la production de biens ou de services.

Il résulte de la relation entre profit et investissement que le profit n'est pas nécessaire pour les entreprises qui ne sont pas endettées et qui produisent des biens matériels dont la production est suffisante pour satisfaire les besoins de la population dans chaque pays concerné. Si cette situation n'est pas compatible avec une économie où il est possible de gagner de l'argent avec de l'argent, en revanche, elle est compatible avec l'économie humaine. Ainsi, dans l'économie humaine, le prix des produits de ces entreprises pourra être établi au niveau de leur coût de production : coût salarial (salaires, cotisations, etc.), montant représentant l'amortissement du capital de ces entreprises, produits intermédiaires, etc. Dans le cas où le capital de remplacement améliore la productivité du travail et où la population du pays concerné reste constante, il faudra diminuer le temps de travail dans ces entreprises. Cette décision s'impose afin de maintenir au même niveau la production de ces produits, afin de préserver la situation de l'emploi dans ces entreprises et afin de préserver l'avenir de la planète.

Je pense, en fait, qu'un jour viendra où la quasi-totalité des entreprises qui réalisent des produits matériels n'auront plus besoin de réaliser de profit, cela essentiellement pour trois raisons. Premièrement, lorsque seront appliquées les règles du fonctionnement normal de l'économie, chacun obtiendra une part du produit selon sa participation à la réalisation de la production. Autrement dit, l'application de ces règles écartera la possibilité de gagner de l'argent avec de l'argent, il n'y aura plus ni dividendes ni intérêts à verser. Elle écartera donc les financiers des entreprises, qui veulent produire toujours plus pour gagner plus. Il n'y aura donc plus de calcul de rentabilité des placements. Deuxièmement, la prise de conscience qui consiste à vouloir préserver l'avenir du vivant et à diminuer la pollution due à la production et à la consommation permettra de passer d'une économie de production et de consommation de gaspillage à une économie de production et de consommation raisonnées. Troisièmement, les gains de productivité réalisés grâce aux progrès techniques permettront de satisfaire les besoins économiques si la population augmente.

Dans l'économie humaine, la survie des entreprises ne dépendra plus du calcul du taux de rentabilité des placements. Ainsi, dans cette économie, les entreprises pourront continuer leurs activités même si, par la vente de leurs produits, elles récupèrent uniquement le montant représentant leur coût de production. Par conséquent, dans cette économie seront écartés les licenciements dont le prétexte est l'insuffisance de la rentabilité des investissements ou des placements financiers, car ceux-ci n'existeront plus.

IX. Etablissement des taux de change dans le respect de la parité des pouvoirs d'achat

Pour que les échanges internationaux se réalisent dans l'équivalence, pour qu'ils ne fassent apparaître ni pays gagnants ni pays perdants, pour que la main-d'œuvre n'apparaisse plus moins chère dans certains pays que dans d'autres, pour écarter la concurrence inégale et pour qu'il n'y ait plus de délocalisations dont l'objectif est mercantile, les taux de change doivent être établis dans le respect de la parité des pouvoirs d'achat. Qu'est-ce que cela signifie ? En fait, la parité des pouvoirs d'achat permet de déterminer quel montant de monnaie un pays doit échanger contre une unité de monnaie d'un autre pays pour pouvoir obtenir une quantité équivalente de produits dans les deux pays par la dépense de ce montant de monnaie.

Mais comment déterminer les taux de change dans le respect de la parité des pouvoirs d'achat ? A cette fin, on peut prendre le panier de produits qui permet à chaque pays de déterminer le niveau général des prix.

Supposons que, dans le pays A, un panier de 100 UP (UP = unité de produit) est représenté par 100 UMa (UMa = unité de monnaie du pays A). Dans le pays B, un panier de 100 UP, sensiblement les mêmes que les produits du pays A, est représenté par 1000 UMb (UMb = unité de monnaie du pays B). Le taux de change qui respecte la parité des pouvoirs d'achat est alors déterminé par la relation suivante :

100 UP = 100 UMa = 1000 UMb.

Il résulte de cette relation que : 1 UMa = 10 UMb. Cette relation représente la relation d'équivalence entre la monnaie du pays A et la monnaie du pays B, c'est-à dire le taux de change des monnaies de ces deux pays. Le respect des taux de change ainsi établis permet d'assurer les échanges dans l'équivalence, et, par conséquent, d'assurer la parité des pouvoirs d'achat. Il permet de dire que si l'on détient une quantité donnée de la monnaie du pays A ou une quantité donnée de la monnaie du pays B, on peut acheter la même quantité de produits dans l'un ou l'autre pays. Les échanges réalisés dans le respect des taux de change ainsi établis ne font apparaître ni pays gagnants, ni pays perdants. Les taux de change ainsi établis écartent la concurrence inégale ; ils écartent donc les tentatives de délocalisations, car les financiers des entreprises n'ont alors plus aucun intérêt à délocaliser, du fait que la main-d'œuvre n'apparaît plus moins chère dans certains pays que dans d'autres.

Lorsque la nouvelle Banque mondiale sera mise en place, elle émettra une véritable monnaie internationale qui monétisera les échanges et qui constituera la monnaie de référence pour tous les pays. Ainsi chaque pays sera contraint d'établir la quantité de sa monnaie qu'il devra échanger contre une unité de monnaie internationale pour pouvoir acheter la même quantité de produits dans tous les pays. Pour écarter le risque de distorsions, chaque pays sera contraint d'ajuster périodiquement son taux de change en fonction de l'évolution de l'inflation-hausse des prix. Quant au nouveau système monétaire et financier international, il sera chargé d'assurer que chaque pays établit et maintient le taux de change de sa monnaie dans le respect de la parité des pouvoirs d'achat. Les pays qui n'accepteront pas d'établir ainsi leur taux de change seront écartés de ce nouveau système et, par conséquent, mis à l'écart des échanges internationaux organisés dans le cadre du nouveau système. Ils seront donc écartés aussi de l'Organisation Mondiale du Commerce.

X. Comment faire pour que les pays émergents, en développement et moins avancés économiquement puissent satisfaire les besoins économiques de leur population, sans que cela se réalise au détriment d'autres pays, tout en préservant l'avenir de la planète

Lorsque l'on parle du développement économique, on doit distinguer deux modes possibles pour le réaliser selon que l'on tient compte ou non des contraintes telles que, par exemple : le droit économique des travailleurs, les conditions de travail, l'avenir des ressources naturelles non renouvelables, l'avenir des ressources naturelles dégradables, la pollution et l'avenir du vivant.

Les pays émergents, en développement et moins avancés économiquement voudraient, avec raison, parvenir à satisfaire les besoins économiques de leur population. Mais, jusqu'à présent, les dirigeants de ces pays voulaient atteindre cet objectif à tout prix, c'est-à-dire sans tenir compte des contraintes évoquées. Pour justifier leurs décisions et actes, ils arguent du fait que les pays industrialisés se sont développés sans tenir compte de ces contraintes humaines et environnementales. Il semblerait que les organisations internationales, qui s'intéressent à l'évolution économique de ces pays, soient prêtes à leur accorder un délai indéterminé pour que ces pays réalisent leur objectif économique à tout prix. En fait, les dirigeants de ces pays et des organisations internationales ne voient pas d'autre modèle de développement que celui appliqué, depuis au moins deux siècles, par les pays dits industrialisés. Or, le mode actuel de production et de consommation des pays industrialisés est condamné. Mais si l'on veut sortir du marigot où patauge l'économie actuellement, il faut savoir qu'un autre modèle de développement est possible. En effet, ce modèle existe, sa mise en place permettrait à ces pays de se développer et d'atteindre leur objectif économique tout en respectant l'avenir de la planète, le droit économique des travailleurs et en améliorant les conditions de travail dans leur pays.

La réalisation de l'objectif économique de par le monde, dans le cadre de l'économie durable et humaine, exige la coopération et la solidarité de tous les pays. La coopération entre les pays dits avancés économiquement et les pays dont la production ne permet pas de satisfaire les besoins premiers de leur population est une nécessité sur le plan humain. Pour faire apparaître la nécessité d'une véritable coopération entre ces deux ensembles de pays, nous allons évoquer deux des tentatives qui prétendaient améliorer la situation économique et le pouvoir d'achat réel dans les pays en développement et qui se sont soldées par un échec, ensuite nous présenterons des propositions susceptibles d'aboutir à une réussite. Les deux tentatives sont placées dans le cadre du fonctionnement actuel de l'économie, les propositions seront placées dans le cadre du fonctionnement de l'économie durable et humaine.

Première tentative : l*e financement du développement par l'endettement, tentative vouée à l'échec*

Après la Seconde Guerre mondiale, une certaine prise de conscience s'est manifestée en faveur des pays les moins avancés économiquement. L'une des propositions importantes, pour favoriser leur évolution économique, a été le financement du développement par l'endettement de ces pays.

Cette proposition est partie d'un constat : le développement économique nécessite des biens capitaux et la plupart des pays émergents, en développement et moins avancés économiquement, ne produisent pas de biens capitaux ou en produisent peu, ils ont donc besoin de les importer. Mais certains de ces pays n'ont pas les moyens de financer leurs achats, c'est-à- dire de financer leurs importations par leurs exportations. Ils sont donc obligés de s'endetter. Or, force est de constater que le financement du développement par l'endettement n'a pas donné et ne peut pas donner les résultats escomptés. Au contraire, il a entraîné certains de ces pays dans une situation de surendettement et de dépendance vis-à-vis de leurs créanciers, privés, publics ou organisations internationales et l'intervention de la Banque mondiale actuelle n'a rien changé pour ces pays. Il est vrai que la Banque mondiale est chargée de venir en aide à ces pays, mais elle est elle-même dépendante des marchés financiers, car, bien qu'elle porte le nom de banque, elle n'a aucun rôle monétaire et elle est obligée d'emprunter sur ces marchés pour prêter aux pays qui en ont besoin, avec des taux d'intérêt bonifiés. Par conséquent, l'intervention de la Banque mondiale actuelle a abouti elle aussi au financement du développement de ces pays par l'endettement, avec toutes les conséquences néfastes que l'on connaît. En outre, durant les décennies qui ont suivi la Seconde Guerre mondiale, la Banque mondiale a ignoré certains problèmes importants de ces pays concernant l'éducation, la formation et la santé, qui constituent pourtant les conditions préalables à l'entrée dans l'ère du développement.

Deuxième tentative : *favoriser le développement par l'implantation d'entreprises délocalisées, tentative qui a des conséquences néfastes pour les pays dont les entreprises délocalisent, pour les pays où ces entreprises s'implantent et pour la planète*

On a présenté l'implantation des entreprises délocalisées dans les pays en développement comme un grand avantage, au motif qu'elle favoriserait leur évolution économique et améliorerait le pouvoir d'achat réel dans ces pays sans qu'ils aient besoin de s'endetter sur les marchés financiers ni auprès des pays ou de la Banque mondiale.

En effet, depuis les années 1970 les délocalisations ont permis à certains pays en développement de bénéficier d'un transfert de capital, de certaines technologies et de savoir-faire qui leur ont permis de réaliser une évolution économique considérable. Toutefois, force est de constater que l'évolution économique de ces pays n'a pas bénéficié proportionnellement à l'immense majorité de leurs populations, cela essentiellement pour cinq raisons liées entre elles. 1° La production dans ces pays, même la production des entreprises délocalisées, est réalisée dans des conditions de travail très dures, voire inhumaines, et sans véritables contraintes écologiques ni environnementales. En fait, dans la plupart de ces pays, les travailleurs employés, en particulier par les entreprises délocalisées, sont considérés comme les esclaves des temps modernes au service de leurs patrons et au bénéfice des financiers de ces entreprises. 2° Une grande partie des produits réalisés par les entreprises délocalisées et implantées dans ces pays est destinée à l'exportation. C'est donc un modèle de développement axé sur les exportations qui a été choisi et il ne peut qu'avoir des conséquences néfastes. 3° Les monnaies de ces pays sont largement sous-évaluées par rapport à la monnaie de référence internationale et aux monnaies des pays auxquels sont destinées leurs exportations. Les exportations et importations de ces pays ne se réalisent donc pas dans l'équivalence. Ces pays n'obtiennent pas l'équivalent de leurs exportations à travers les échanges sur le marché international. Par exemple, si la monnaie d'un pays est dix fois sous-évaluée par rapport à la monnaie de référence qui fait office de monnaie internationale et même si ce pays réalise une balance commerciale équilibrée, il n'obtient que l'équivalent d'un dixième de ses exportations. 4° Les inégalités économiques et sociales se sont aggravées dans ces pays. 5° Le développement économique de ces pays n'est pas harmonieux. En effet, certains secteurs, tournés vers l'exportation, se sont développés de façon importante, tandis que d'autres ont stagné ou peu évolué. Ces situations permettent de comprendre pourquoi la production de vêtements dans les pays tels que la Chine, par exemple, permet d'habiller les habitants des pays dits riches, alors qu'une partie de la population chinoise ne peut pas encore s'habiller correctement.

En outre, l'évolution économique de ces pays s'est réalisée au détriment de l'évolution économique des pays industrialisés où l'aggravation de la situation de l'emploi est l'une des conséquences de ces délocalisations. Enfin, nous l'avons vu, les délocalisations ne sont favorables ni aux pays où les entreprises délocalisées s'implantent ni aux pays qui sont à l'origine de leur financement, ni à la planète. Elles ne sont favorables qu'aux financiers de ces entreprises. En réalité, ces financiers ne sont pas des philanthropes. Ils n'implantent pas leurs entreprises dans ces pays pour les aider. La preuve en est que, s'ils ne réalisent pas la rentabilité escomptée pour leurs placements, ils quittent un pays pour implanter leurs entreprises dans un autre pays où la monnaie est encore plus sous-évaluée et où les conditions de travail sont encore moins contraignantes. Il apparaît clairement que le développement fondé sur l'implantation des entreprises délocalisées est nuisible, cette voie doit donc être abandonnée.

Néanmoins l'exemple des délocalisations permet de constater l'importance et la nécessité du transfert des technologies et du savoir-faire. Mais ces transferts ne doivent pas se faire par des délocalisations, ils doivent se réaliser par une véritable coopération au niveau international.

Précisons que les deux cas que nous venons d'évoquer font apparaître une anomalie. Les pays qui aspirent à entrer dans l'ère du développement pour satisfaire les besoins économiques de leur population sont obligés de payer, directement ou indirectement, une rançon aux financiers, dans le premier cas, par les intérêts de leurs emprunts, dans le deuxième cas, par le pillage de leur pays du fait des taux de change arbitraires.

Troisième voie, propositions : *pour favoriser le développement dans le cadre d'une économie durable et humaine, il faudra une coopération et une solidarité financière internationales*

Cette coopération internationale n'aura pas un objectif mercantile, mais elle permettra de réaliser le véritable objectif de l'économie. La coopération entre les pays, dans les domaines de l'économie, de l'éducation, de la formation, de la recherche, de la technologie, des savoir-faire, de la santé, etc., sera placée dans le cadre de l'économie humaine. Elle sera donc réalisée dans le respect des règles du fonctionnement normal des économies nationales et de l'économie internationale. Cette nouvelle coopération permettra d'écarter les effets néfastes engendrés par les délocalisations. La coopération dans l'ensemble de ces domaines est nécessaire afin, par exemple, que chacun de ces pays puisse atteindre un niveau d'éducation et de formation leur permettant d'utiliser les technologies transférées. Dans le cadre de l'économie humaine, tous les pays pourront accéder aux nouvelles technologies les moins polluantes car il n'y aura plus de brevets payants ni de royalties. En fait, le savoir et les résultats du savoir ne seront plus considérés comme des marchandises. Ils seront donc mis à la disposition de tous les individus, de toutes les entreprises et de tous les pays.

Toutefois, si cette coopération est nécessaire, elle n'est pas suffisante. En effet, certains de ces pays ont besoin aussi d'une véritable solidarité internationale pour financer l'achat des biens capitaux qu'ils sont obligés d'importer. La réalisation de cette solidarité sera facilitée et favorisée dans le cadre du système monétaire et financier international réformé que j'ai présenté. J'ai proposé, en effet, que soit prélevé automatiquement, par exemple, 0,5% sur les échanges internationaux (ce taux peut varier selon les besoins des pays bénéficiaires et la volonté de l'ensemble des dirigeants des pays membres de cette organisation internationale). Les prélèvements ainsi réalisés seront mis à la disposition des pays qui en ont besoin, selon des modalités et des conditions bien précises. Pour plus de précision, cf. mon ouvrage *Etude économique et géopolitique du développement*, (2003) ; Ed. Harmattan.

La coopération et la solidarité financière internationale sont des conditions nécessaires pour favoriser la réalisation du développement économique des pays les moins avancés économiquement. Mais elles ne sont pas toujours suffisantes et d'autres conditions préalables sont indispensables.

Premièrement, en fait, comme tous les pays, ces pays ont besoin aussi et surtout de dirigeants qui ne cherchent pas le pouvoir pour le pouvoir, qui ne cherchent pas le pouvoir pour s'enrichir, qui ne soient pas sous l'influence des dirigeants d'autres pays. Ils ont besoin de dirigeants compétents qui soient véritablement au service de leur pays et de leur population. Deuxièmement, ces pays doivent atteindre un niveau d'éducation et de formation leur permettant de pouvoir mettre en valeur la coopération et l'aide financière internationale, l'un des objectifs de la coopération internationale sera de satisfaire cette condition. Lorsque ces conditions seront réunies, ces pays pourront atteindre en quelques décennies le principal objectif de l'économie, qui est de satisfaire les besoins économiques de leur population. Cet objectif sera réalisé dans le respect des exigences de l'économie durable et humaine.

Un autre objectif de la coopération internationale est de transmettre aux pays qui en ont besoin, en particulier aux pays les moins avancés économiquement, les techniques de production les moins polluantes et de leur permettre aussi de réaliser des produits dont la production et l'utilisation nécessitent moins d'énergie, moins de ressources naturelles non renouvelables, etc.

Cela dit, il est sûr que dans le cadre du fonctionnement actuel de l'économie, le transfert de technologies de par le monde, la coopération internationale et l'aide financière internationale aux pays qui en ont besoin rencontreront des résistances et réticences de la part des dirigeants de certains pays et de certaines catégories à qui profite la situation actuelle. Ces catégories ne s'intéressent pas à la situation économique difficile d'une partie de la population mondiale, pas plus qu'elles ne se préoccupent de l'avenir de la planète. Elles veulent pouvoir gagner de l'argent avec de l'argent. Elles ont donc une vision purement mercantile et égoïste. On pourrait comprendre les résistances et réticences des dirigeants de certains pays. Ils craignent la concurrence inégale sur le marché international et ne souhaitent pas perdre les parts que leur pays détient sur le marché international. Sur le marché de leur propre pays, ils ont peur de la concurrence inégale des produits provenant d'autres pays. Leurs résistances et réticences sont les résultats du constat de ce qui se passe sur le marché international actuel. Or, le fonctionnement de ce marché, jusqu'à présent, est régi par des règles arbitraires. Pour écarter ces résistances et réticences, essentiellement deux conditions devront être réunies et elles le seront dans le cadre de l'économie durable et humaine.

1° Il faut appliquer les règles du fonctionnement normal de l'économie nationale et de l'économie internationale. L'application de ces règles permettra d'établir les taux de change dans le respect de la parité des pouvoirs d'achat, ce qui fera disparaître la concurrence inégale au niveau international. Elle permettra d'écarter le fait de pouvoir gagner de l'argent avec de l'argent. Elle permettra d'écarter les catégories à qui profite la situation actuelle.

2° La prise de conscience de tous est nécessaire pour préserver l'avenir de la planète. Elle permettra d'écarter l'énorme gaspillage d'énergie dû au transport des produits réalisés dans une partie du monde pour être vendus à l'autre bout du monde. Elle permettra à chaque pays, chaque région, chaque ville, etc. de réaliser, selon ses possibilités, (selon ses ressources naturelles, la qualification de sa main-d'œuvre, ses techniques de production, etc.), les produits destinés à satisfaire les besoins économiques de sa population. Elle permettra donc de rapprocher les producteurs des consommateurs. Toutefois, cette prise de conscience, concernant l'économie durable, ne pourra donner de véritables résultats probants que dans le cadre du fonctionnement de l'économie humaine.

XI. Jusqu'à présent les conditions nécessaires n'ont jamais été réunies pour réaliser les objectifs des accords de libre-échange internationaux ni pour réussir une intégration économique entre plusieurs pays par une monnaie commune

Les échanges économiques entre les pays peuvent constituer soit un élément apte à favoriser l'entente pacifique soit un élément porteur de tensions politiques et de conflits pouvant dégénérer. L'entente pacifique entre les pays apparaît lorsque les intérêts économiques de chaque pays sont préservés, lorsque leurs échanges se réalisent dans l'équivalence, en d'autres termes lorsque les échanges ne font apparaître ni pays gagnants ni pays perdants. Les tensions politiques proviennent souvent du fait que les échanges ne se réalisent pas dans l'équivalence, ce qui est à l'origine de la concurrence inégale entre les pays et dans ce cas, les intérêts économiques de tous les pays ne sont pas préservés.

Certains économistes et politiques pensent que l'augmentation des échanges est un facteur d'amélioration des relations politiques entre les pays. Ils prônent donc l'augmentation des échanges et, pour donner plus de force à leur proposition, ils font croire aussi que l'amplification des échanges au niveau international est un facteur de croissance économique et donc un facteur d'amélioration de la situation de l'emploi dans l'ensemble de pays qui participent à ces échanges. Or, non seulement ils n'appuient ces affirmations sur aucun fondement rationnel, mais aussi ils passent sous silence les effets négatifs, dus au fait que, d'une part, jusqu'à présent, une grande partie des échanges ne se réalisent pas dans l'équivalence, d'autre part l'augmentation des échanges internationaux n'est pas favorable à la planète.

Néanmoins, des accords ont été établis pour amplifier les relations économiques entre les pays, mais avec des objectifs différents, affichés ou non avoués. L'objectif mis en avant est le développement des échanges économiques entre les pays signataires des accords, alors que l'objectif non avoué de ces accords est purement mercantile. Les plus vastes accords sont établis dans le cadre de l'OMC qui, pour faciliter et favoriser le développement des échanges, propose comme principales mesures aux pays membres la suppression des droits de douane, la suppression des taxes sur les importations et la suppression des subventions sur les exportations. Il est vrai que ces accords ont permis d'augmenter le volume des échanges, mais cette augmentation est due essentiellement aux délocalisations qui ont été favorisées et amplifiées par ces accords depuis plusieurs décennies. Les entreprises délocalisées produisent dans certains pays pour vendre dans d'autres pays. Et si cette situation est particulièrement favorable aux financiers de ces entreprises, en revanche, elle n'est favorable ni aux pays qui sont à l'origine du financement des entreprises délocalisées, ni aux pays où ces entreprises s'implantent, ni à l'immense majorité des habitants de ces deux ensembles de pays, ni à l'avenir de la planète, comme nous l'avons vu. En outre, ces accords créent des tensions politiques dues aux relations d'échange inégales entre les pays membres de cette organisation, ce qui n'a rien d'étonnant, car ces accords passent sous silence les taux de change qui sont actuellement établis, imposés ou déterminés arbitrairement et qui font apparaître des pays gagnants et des pays perdants. Enfin, pour la même raison (les taux de change arbitraires) ces accords ne permettent pas d'écarter la concurrence inégale entre les pays sur le marché mondial des produits.

Pour amplifier leur entente pacifique, certains pays d'Europe (d'abord six pays, élargis à vingt-huit en plusieurs étapes) ont pris la décision de faciliter leurs échanges commerciaux et pour cela de libéraliser, par étapes, la circulation des marchandises, des capitaux financiers et des travailleurs. Ils ont pris la décision de créer un Parlement Européen. Dix-huit de ces pays ont pris la décision d'établir une monnaie commune afin de réaliser, pensaient-ils, une intégration économique, monétaire et financière. Les responsables politiques et économiques ont fait croire que l'élargissement du marché de chaque pays à l'ensemble des pays membres de la communauté économique européenne, ainsi que d'autres mesures, permettraient de favoriser la croissance économique et donc d'améliorer la situation de l'emploi dans l'ensemble des pays membres.

Or, force est de constater que ces décisions n'ont pas donné les résultats escomptés. Elles n'ont pas permis d'écarter la concurrence inégale entre ces pays. Elles n'ont donc pas permis d'écarter les délocalisations, dont l'objectif est purement mercantile à l'intérieur de cette communauté économique. Elles n'ont donc pas empêché que l'évolution économique de certains pays membres se réalise aux dépens de l'évolution économique d'autres pays membres. Elles n'ont pas empêché l'évasion des capitaux financiers de certains pays vers d'autres pays membres de cette même communauté. La situation de l'emploi ne s'est pas améliorée dans ces pays considérés dans leur ensemble, elle s'est même dégradée dans une grande partie des pays membres. Nous sommes donc en droit de poser la question de savoir pourquoi l'ensemble de ces décisions n'ont pas donné les résultats escomptés.

XI.1. Pourquoi la communauté économique européenne n'a pas donné les résultats escomptés dans le domaine de l'évolution économique et de l'amélioration de la situation de l'emploi dans l'ensemble des pays membres

Nous l'avons vu, on a fait croire que l'élargissement du marché favoriserait l'évolution économique et améliorerait la situation de l'emploi. Or, une précision générale, une remarque générale et un constat permettent de démontrer que cette affirmation est dénuée de tout fondement rationnel, elle est fausse.

Précision générale : l'économie internationale est une économie d'échange. Dans cette économie, ce sont les ventes qui financent les achats, ce qui signifie que pour pouvoir acheter plus, sans endettement, il faut produire et vendre plus. Nous l'avons vu, le véritable objectif des échanges et donc des échanges régionaux ou internationaux est la réalisation de l'enrichissement mutuel. Pour chaque pays qui participe aux échanges sur un marché régional ou sur le marché international, cet objectif est réalisé lorsque, d'une part ses échanges se réalisent dans l'équivalence, d'autre part chaque pays réalise une balance commerciale équilibrée. Or, actuellement les pays qui satisfont ces deux exigences sont très rares, par conséquent, les pays qui réalisent l'enrichissement mutuel sont actuellement très rares.

Remarque générale : la production précède l'échange. Par conséquent, chaque pays, pour pouvoir exporter, doit produire et pour pouvoir exporter plus doit produire plus. Puisque l'échange succède à la production, ce n'est pas l'augmentation des échanges, mais c'est l'augmentation de la production des pays considérés dans leur ensemble qui est susceptible de faire augmenter le volume des échanges régionaux ou internationaux. Si un pays augmente ses importations, sans augmenter ses exportations, sans produire plus, il réalise une balance commerciale déficitaire. Cette situation n'est pas favorable à l'emploi dans ce pays. En effet, pour un pays, les importations nettes constituent l'une des causes de l'apparition de l'insuffisance de la demande globale. De ce fait, les importations nettes sont une cause de faillite pour certaines entreprises et donc une cause d'aggravation de la situation de l'emploi. Dans ce cas, le montant de l'insuffisance de la demande globale est équivalent au montant des importations nettes. En outre, la production de chaque période fait apparaître un revenu dont la dépense sur le marché des produits permet de les écouler. Ainsi l'augmentation de la production fait apparaître un revenu dont la dépense sur le marché des produits permet de les écouler. Par conséquent, l'affirmation selon laquelle l'élargissement du marché par les exportations favorise la croissance économique n'a aucun fondement rationnel.

Constat : il est vrai que, depuis quelques décennies, certains pays de la communauté européenne (essentiellement les pays membres de l'Europe de l'Est) ont réalisé des taux de croissance exceptionnels et ont augmenté le volume de leurs exportations, parfois de façon considérable. Certains de ces pays sont même parvenus à réaliser une balance commerciale excédentaire. Mais il est vrai aussi que certains pays importateurs des produits de ces pays (essentiellement les pays de l'Europe de l'Ouest membres de cette même communauté) ont vu leur taux de croissance fléchir et ont réalisé un déficit de leur balance commerciale (nous verrons le cas particulier de l'Allemagne). Cette situation permet de constater que l'élargissement du marché de la communauté européenne et l'augmentation des échanges à l'intérieur de cette communauté n'ont pas profité à l'évolution économique de l'ensemble des pays membres et n'ont pas amélioré la situation de l'emploi dans l'ensemble de ces pays. On constate que l'évolution économique de certains pays s'est réalisée aux dépens de l'évolution économique d'autres pays. *Cette situation est une source de conflits. Si elle persiste, elle est susceptible de mettre en danger l'avenir des relations politiques et économiques des pays membres de la communauté européenne. Or, l'amélioration de ces relations et la situation de l'emploi dans l'ensemble des pays membres constituaient les principaux objectifs affichés et recherchés par les dirigeants de cette communauté.*

Pour savoir ce qui met en danger l'avenir des relations politiques et économiques des pays membres de cette communauté, distinguons les quatre phases qui se sont succédé.

Première phase : durant plusieurs années, les échanges entre les six premiers pays membres du marché commun européen n'ont pas fait apparaître de véritable concurrence inégale entre les produits de ces pays, c'est pourquoi le développement de leurs échanges a favorisé leurs relations politiques. Ce résultat était dû au fait qu'il y avait peu de distorsion des taux de change entre les monnaies des six pays membres du marché commun. En outre, ces pays avaient aussi la possibilité d'opérer des ajustements monétaires, par des dévaluations ou réévaluations, lorsque des distorsions sensibles apparaissaient. Ces ajustements leur permettaient de corriger, en partie ou en totalité, les effets des politiques salariales, sociales et monétaires différentes. De ce fait, il n'y avait pas de délocalisations dont l'objectif était mercantile. Précisons que la circulation des capitaux financiers n'était pas totalement libre. Il y avait donc peu d'évasion de capitaux financiers de certains pays vers d'autres pays membres, afin d'échapper aux impôts.

Deuxième phase : l'élargissement du marché commun européen, par l'entrée de certains pays de l'Europe du Sud, a fait apparaître des distorsions monétaires significatives entre les monnaies des anciens et nouveaux membres. En effet, les monnaies des pays nouveaux membres étaient sous-évaluées par rapport aux monnaies des pays anciens membres, ce qui a fait apparaître une concurrence inégale, d'où une première vague de délocalisations, dont l'objectif était mercantile, des entreprises de certains pays anciens membres vers les pays nouveaux membres. Elle a favorisé l'évolution économique des nouveaux membres aux dépens de l'évolution économique de certains pays anciens membres.

Troisième phase : l'élargissement de la communauté européenne, par l'entrée de certains pays de l'Europe de l'Est, a fait apparaître des distorsions monétaires encore plus significatives entre les monnaies des pays anciens membres et les pays nouveaux entrants. Cet élargissement a accentué la concurrence inégale et a engendré une deuxième vague de délocalisations, avec un objectif toujours mercantile, des entreprises de certains pays anciens membres vers les pays nouveaux entrants. Il a favorisé l'évolution économique des pays nouveaux entrants aux dépens de l'évolution économique des pays membres anciens.

Précisons que dans la deuxième et la troisième phases, les dirigeants politico-économiques des pays membres de la communauté européenne auraient encore pu et auraient dû procéder à des ajustements monétaires afin d'écarter la concurrence inégale entre les pays membres et donc écarter les délocalisations à l'intérieur de cette communauté. Or, l'influence de la théorie néoclassique et les lobbies des financiers des pays anciens membres a amené ces dirigeants à faire passer sous silence la nécessité d'agir pour effectuer ces ajustements. En fait il est vrai que, sous le prétexte d'éviter les dévaluations compétitives (en réalité sous l'influence des mêmes lobbies des financiers), on a décidé de limiter les ajustements monétaires.

Quatrième phase : durant des années essentiellement deux visions de l'avenir de la communauté européenne ont dominé. L'objectif des deux visions présentées était de savoir comment développer les relations économiques afin d'améliorer et de consolider les relations politiques entre les pays membres de la communauté. Les partisans de la première vision pensaient qu'il suffirait d'étendre la libre circulation des marchandises aux capitaux financiers et aux travailleurs. Ils pensaient que chaque pays devait pouvoir mener sa politique monétaire, sa politique économique, sa politique salariale, sa politique fiscale, sa politique sociale, etc. Les partisans de la seconde vision pensaient qu'il fallait aller plus loin et instaurer une véritable intégration économique qui passerait par la monnaie commune et la création d'une Banque Centrale Européenne régissant la politique monétaire des pays membres. Une autre préoccupation des partisans de l'intégration par la monnaie commune était de pouvoir faire face plus facilement aux spéculations qui attaquaient les monnaies des pays membres. Faute d'accord entre les partisans des deux visions, les pays membres de la communauté se sont divisés en deux groupes : les pays qui ont accepté la vision de l'intégration économique par la monnaie commune et les pays qui ne l'ont pas acceptée. Les deux visions ont négligé les trois problèmes que sont la distorsion des monnaies des pays membres, la concurrence inégale et donc les délocalisations à l'intérieur de la communauté. Or, l'existence de ces trois problèmes ne favorise pas, à moyen et long termes, les relations politiques entre les membres de la communauté et les intérêts économiques divergents sont susceptibles de les aggraver.

XI.2. Pourquoi l'Euro, monnaie commune de plusieurs pays européens, n'a pas permis d'écarter la concurrence inégale et de favoriser la réalisation d'une véritable intégration économique

Les dirigeants politiques, économiques et monétaires de certains pays membres de la communauté européenne ont pensé qu'il suffisait d'instaurer la monnaie unique, l'Euro, pour que soit réalisée une intégration économique totale, pour que disparaissent la concurrence inégale et ses conséquences néfastes. Or, ils ont commis deux erreurs et n'ont pas pris les précautions qui s'imposaient.

La première erreur a été commise lorsque, pour faire entrer les pays dans le système de la monnaie unique, l'Euro, ils ont pris comme référence les taux de change en vigueur, taux de change arbitraires, des monnaies des pays candidats. De ce fait, dans le système de monnaie unique sont apparus trois ensembles de pays membres. Un premier ensemble de pays est entré dans ce système alors que leurs monnaies étaient sous-évaluées, un deuxième ensemble de pays est entré dans ce système alors que leurs monnaies étaient largement sous-évaluées par rapport aux monnaies du troisième ensemble de pays, c'est-à-dire ceux dont les monnaies étaient surévaluées. Nous savons maintenant que, dans une telle situation, la monnaie unique ne permet pas d'écarter la concurrence inégale entre les produits de ces trois ensembles de pays. Elle ne permet donc pas d'écarter les délocalisations dans les pays membres de la monnaie unique. Le problème est de savoir si cette erreur originelle peut être corrigée et quel en est le prix à payer. Pour le savoir distinguons deux cas.

1° Dans l'absolu, cette erreur pourrait être corrigée dans le temps, à condition que le taux d'inflation-hausse des prix soit plus élevé ou beaucoup plus élevé dans le premier et dans le deuxième ensembles de pays que dans le troisième. Cette différence de taux d'inflation-hausse des prix doit perdurer dans chacun des pays du premier et du deuxième ensembles jusqu'à ce que l'on constate, par exemple, qu'avec 100 Euros on peut acheter la même quantité de produits dans l'ensemble des pays membres de la monnaie unique. Toutefois, durant la période de cet ajustement, la concurrence inégale, les délocalisations et l'évolution économique de certains pays au détriment d'autres pays membres perdureront, elles constitueront le prix de l'erreur originelle à payer durant cette période.

2° Or, dans le cadre des règles établies par la Banque Centrale Européenne, cet ajustement n'est pas possible. En effet, l'une de ces règles exige que le taux d'inflation-hausse des prix soit limité et quasi uniforme dans l'ensemble des pays membres du système de monnaie unique, ce qui constitue une erreur dans l'erreur. En fait, cette règle devrait être respectée si les taux de change des monnaies de l'ensemble des pays candidats avaient été établis dans le respect de la parité des pouvoirs d'achat au moment où les pays entraient dans le système de monnaie unique. Il apparaît clairement que la première erreur ne peut pas être corrigée dans ce cadre.

La deuxième erreur a été commise lorsque les responsables politiques, économiques et monétaires ont fixé le taux de change de la monnaie unique. Sous l'influence de la théorie néoclassique et des discussions du café du commerce, ces responsables pensaient et pensent toujours qu'il existe des monnaies fortes et des monnaies faibles, de bonnes et de mauvaises monnaies. Les monnaies fortes sont considérées comme de bonnes monnaies. Pour avoir une monnaie forte, ils ont donc fixé le taux de change de l'Euro très élevé, en particulier par rapport aux monnaies des pays émergents. Ce taux de change de l'Euro a favorisé les délocalisations des entreprises de certains pays de la communauté européenne vers les pays émergents. Il a donc favorisé la désindustrialisation et aggravé la situation de l'emploi dans ces pays. Il a rendu dépendante, en totalité ou en partie, la majorité des pays de la communauté de l'importation de certains produits venant des pays émergents, produits tels que : vêtements, chaussures, appareils électroménagers, électronique, téléphonie, voitures, etc.

Ce sont les travailleurs qui ont payé directement le prix fort de ces erreurs. En effet, les délocalisations ont aggravé la situation de l'emploi et rendu précaire la situation des travailleurs qui ont un emploi dans les pays membres du système à monnaie unique, tandis que les financiers des entreprises ont pu non seulement sauver leur capital en délocalisant leurs entreprises, mais ils ont pu aussi réaliser des profits substantiels, en vendant, dans les pays membres de la communauté européenne, les produits réalisés par leurs entreprises délocalisées. La responsabilité de cette situation incombe aux dirigeants de l'ensemble de ces pays. Ces dirigeants se sont révélés ignorants sur les plans économique et monétaire ou ils se sont révélés être sous l'influence des lobbies des financiers de ces entreprises ou, pire encore, les deux à la fois.

XII. Les précautions à prendre pour réaliser et pérenniser l'intégration économique par la monnaie unique

La première précaution à prendre ou première exigence est de s'assurer que les taux de change des monnaies de l'ensemble des pays candidats sont établis dans le respect de la parité des pouvoirs d'achat, au moment où ils entrent dans le système de monnaie unique. Le respect de cette précaution, exigence, constitue une première condition nécessaire et indispensable à la réalisation d'une véritable intégration économique. Mais elle n'est pas suffisante pour pérenniser cette intégration. La deuxième exigence est de faire en sorte que l'ensemble des pays membres du système de monnaie unique aient la même politique salariale, la même politique sociale et la même politique fiscale. L'absence de l'une de ces exigences fait apparaître un grand risque de distorsions des taux d'inflation-hausse des prix dans les pays membres de la monnaie unique. Ces distorsions font réapparaître la concurrence inégale entre les pays membres, l'évasion des capitaux et, à terme, elles mettent en danger l'avenir du système de monnaie unique.

En fait, ces précautions n'ayant pas été prises, la communauté économique européenne actuelle ne profite pas et ne peut pas profiter à l'immense majorité de la population des pays membres. En revanche, elle profite aux importateurs, aux exportateurs et aux financiers des entreprises délocalisées. En effet, par exemple, cette communauté n'écarte pas le risque de placements de revenus (y compris les prélèvements indus et illégitimes) des habitants de certains pays membres dans d'autres pays membres pour échapper aux impôts ou pour en payer moins. Nous sommes donc en droit de poser la question de savoir si les dirigeants politico-économiques qui ont participé à la réalisation de cette communauté ont agi en faveur de l'immense majorité de la population ou en faveur d'une minorité à qui profite cette organisation communautaire.

L'exemple de l'Allemagne est significatif, car il permet de constater quelles conséquences sont dues au fait que l'ensemble des pays membres de la monnaie commune n'appliquent pas la même politique salariale, la même politique sociale, la même politique fiscale. Lors de l'instauration de la monnaie commune, les dirigeants allemands savaient que leur pays avait des atouts. Mais ils ont pu voir s'installer un fléchissement du taux de croissance de leur économie et un ralentissement de leurs exportations à l'intérieur de la communauté européenne et de par le monde. Autrement dit, ils ont constaté que la monnaie unique n'avait pas fait disparaître la concurrence inégale entre les membres de cette communauté. Etant donné qu'il était impossible de procéder à des ajustements monétaires ou à des dévaluations pour écarter cette concurrence, les dirigeants allemands ont alors décidé d'agir autrement, afin de diminuer l'effet de la concurrence inégale. A cette fin, ils ont pris les mesures aptes à faciliter la baisse du coût salarial et la flexibilité du travail. Ces décisions ont favorisé les exportations allemandes vers les pays membres de la communauté et vers d'autres pays mais elles ont aussi fait augmenter le nombre d'emplois mal payés, le nombre de travailleurs précaires, elles ont aggravé les inégalités à l'intérieur de ce pays et créé une concurrence inégale entre les produits de ce pays et les produits d'autres pays membres de la communauté dont les monnaies étaient surévaluées au moment d'entrer dans le système de la monnaie commune, la monnaie de la France par exemple.

Dans le cadre de l'économie durable et humaine, il ne sera pas nécessaire d'établir des zones de monnaie unique pour espérer améliorer les relations politiques entre les pays. En effet, dans le cadre de cette économie, les taux de change seront établis dans le respect de la parité des pouvoirs d'achat. De ce fait, sera écartée d'emblée la concurrence inégale sur le marché international entre les produits des pays qui participent aux échanges. Seront écartées aussi les délocalisations et leurs conséquences néfastes sur la situation de l'emploi, sur le pouvoir d'achat réel des travailleurs, sur les conditions de travail, etc. C'est ainsi que sera réalisé aussi le véritable objectif des échanges entre les pays membres d'une communauté économique et même entre les différents pays de par le monde. Le cadre de cette économie permettra de réaliser l'objectif des échanges, qui est l'enrichissement mutuel. Dans ce cadre, chaque pays vendra les produits dont il n'aura pas besoin pour acheter les produits dont il aura besoin. Ainsi la mise en place de l'économie humaine permettra de diminuer de façon considérable le transport des produits entre les pays. Elle permettra de diminuer le gaspillage d'énergie et donc la pollution qui en résulte, ce qui sera favorable à la réalisation de l'économie durable. Dans le cadre de cette économie, étant donné que les taux de change seront établis et ajustés constamment dans le respect de la parité des pouvoirs d'achat, les pays n'auront pas besoin d'avoir les mêmes politiques salariales, fiscales, sociales, etc. Chaque pays pourra choisir, par exemple, la meilleure politique sociale, une politique fiscale qui permettra de contenir les écarts de revenu de un à dix ou même de un à cinq.

Précisons que lorsque seront appliquées les règles du fonctionnement de l'économie humaine, il n'y aura plus de mouvements de capitaux financiers à travers le monde.

XIII. La mondialisation de la production est un non-sens du point de vue de l'analyse économique

L'augmentation du nombre des entreprises dites multinationales a amené les financiers de ces entreprises et leurs lobbies à dire et à faire dire, à travers les radios, les télévisons, la presse, les revues, etc. que la production se mondialise. Ils fondent leur affirmation sur un constat : les capitaux qui financent les délocalisations, les créations d'entreprises, l'augmentation du capital des entreprises et les achats des entreprises qui existent dans d'autres pays que dans les pays à l'origine de ces financements, ces capitaux sont de plus en plus multinationaux. Ce constat les amène à dire qu'étant donné que le financement des entreprises se mondialise, la production aussi se mondialise. Par conséquent, les produits réalisés dans n'importe quel pays doivent pouvoir se vendre partout dans le monde sans entraves. En réalité, l'objectif est de faire croire que la production réalisée n'importe où dans le monde appartient à la population mondiale, où qu'elle se trouve. Or il n'en est rien et les réponses aux questions suivantes vont permettre de marquer les limites absolues de cette affirmation. A qui appartient le produit réalisé dans un pays, autrement dit, qui obtient le droit légitime sur le produit réalisé dans un pays ? Appartient-il au pays où il est réalisé, aux financiers des entreprises délocalisées ou aux pays qui sont à l'origine du financement des entreprises délocalisées ?

Voici la réponse à ces deux questions : le produit réalisé dans chaque pays fait apparaître un revenu qui représente la contrepartie du produit réalisé dans le pays considéré. Le montant du revenu ainsi formé dans chaque pays représente le montant nécessaire et suffisant dont la dépense sur le marché des produits permet de l'acheter. Le revenu formé dans chaque pays représente le seul droit légitime sur les produits réalisés dans chaque pays considéré. Par conséquent, tous les produits réalisés dans un pays sont les produits de ce pays, ils appartiennent aux titulaires de revenu de ce pays, cela quelle que soit l'origine des capitaux qui ont financé la création, l'implantation ou l'augmentation du capital des entreprises implantées dans ce pays et quelle que soit la marque des produits qui y sont réalisés.

Un exemple : une entreprise en Chine produit des voitures de marque Peugeot. Ces voitures produites en Chine sont des produits chinois, elles appartiennent aux titulaires de revenu de ce pays, même si les capitaux viennent d'autres pays et cela bien qu'elles portent le nom de la marque française Peugeot, car le revenu qui représente la contrepartie de ces voitures est formé en Chine. Il apparaît donc clairement que la mondialisation de la production n'a pas de sens économiquement. En fait, les financiers des entreprises dites multinationales et leurs lobbies veulent faire croire que les produits réalisés par ces entreprises appartiennent à la fois aux financiers de ces entreprises, au pays où ils sont réalisés et à l'ensemble des pays qui se trouvent être à l'origine du financement de ces entreprises. Dans l'exemple que nous venons de voir, ceux à qui profitent les délocalisations font croire que les voitures de marque Peugeot produites en Chine appartiendraient à la fois à la Chine et à la France ou encore aux financiers des entreprises de la marque Peugeot implantées en Chine. En fait, dans un pays, le financement des entreprises délocalisées, la création d'entreprises, l'augmentation du capital des entreprises existantes par les capitaux financiers qui viennent d'autres pays sont des anomalies dues au fonctionnement actuel (fonctionnement vicieux) des économies nationales et de l'économie internationale.

Les mots « mondialisation de la production » font partie d'un vocabulaire employé par les lobbies des financiers des entreprises, qui veulent faire accepter et légitimer le financement des entreprises délocalisées, la création d'entreprises, l'augmentation du capital des entreprises existantes dans un pays par les capitaux financiers qui viennent d'autres pays. En fait, la décision de délocaliser est prise par les financiers, puisqu'ils estiment que le taux de rentabilité de leurs placements dans leur pays d'origine n'est pas suffisant. Pour faire accepter les délocalisations, les lobbies de ces financiers font croire que la mondialisation de la production, grâce aux délocalisations, est favorable à l'évolution économique des pays émergents, au développement et au rayonnement de leur pays d'origine. Or, ces affirmations sont fausses, les délocalisations ne sont pas favorables à l'évolution économique des pays à l'origine de ces financements. En réalité, les financiers des entreprises savaient, par exemple, qu'en implantant leurs entreprises dans les pays dont les monnaies étaient sous-évaluées pour vendre leurs produits dans les pays où les monnaies étaient surévaluées, ils pourraient réaliser des profits substantiels. Toutefois, outre des taux de change arbitraires, deux autres conditions devaient être réunies pour qu'ils puissent atteindre pleinement leur objectif. Il fallait instaurer la libre circulation des capitaux financiers et la libre circulation des marchandises. La libre circulation des capitaux financiers permet de placer dans n'importe quel pays les profits réalisés dans d'autres pays. La libre circulation des marchandises permet de vendre, sans entraves, de par le monde les produits réalisés dans n'importe quel pays. C'est ainsi que, sous l'influence des lobbies des financiers, les dirigeants du FMI ont imposé la libre circulation des capitaux financiers et que les dirigeants de l'OMC ont imposé la libre circulation des marchandises. La libre circulation des capitaux financiers a donné les finances sans frontières, la libre circulation des marchandises a donné les marchandises sans frontières. En d'autres termes, elles font croire qu'existent la "mondialisation" des capitaux financiers et la "mondialisation" des marchandises. Etant donné que dans les économies actuelles les finances, les capitaux financiers, jouent un rôle prépondérant dans le financement du système productif, les lobbies en ont déduit que si les finances étaient mondialisées, la production l'était aussi.

Or, la mondialisation des finances est une anomalie, une entrave aux règles du fonctionnement normal de l'économie et elle aura des conséquences néfastes tant qu'existeront des monnaies différentes, tant que n'existera pas une véritable intégration économique de l'ensemble des pays. Etant donné que cette intégration n'existe pas, la mondialisation des finances va à l'encontre des règles du fonctionnement normal de l'économie nationale, car le revenu formé dans chaque pays doit être destiné uniquement à financer l'achat des produits réalisés dans ce même pays et des produits importés, lorsqu'il y a égalité entre exportations et importations. Nous l'avons vu, le profit ou le capital financier de chaque pays représente une partie du revenu formé dans ce même pays. Cette mondialisation va aussi à l'encontre des règles du fonctionnement normal de l'économie internationale. En fait, le revenu formé dans chaque pays doit être destiné au marché des produits du pays où il est formé, il en résulte que l'épargne destinée aux entreprises et le profit réalisés dans chaque pays doivent aussi être destinés à financer l'achat des biens d'investissement dans le pays où ils sont formés. Le non-respect de cette règle (dans ce cas, l'épargne et le profit placés sur le marché financier international ou destinés à financer l'achat de biens d'investissement dans d'autres pays en faveur de pays tiers) engendre une insuffisance de la demande globale qui constitue l'une des principales causes de la faillite des entreprises et donc de l'aggravation de la situation de l'emploi dans chaque pays concerné. En effet, tant qu'existeront des monnaies différentes (tant que n'existera pas une véritable intégration économique de l'ensemble des pays), les financiers d'un pays, pour placer leur argent (profit ou épargne) sur le marché financier international, seront obligés de convertir leur profit ou leur épargne en devises. L'achat de devises engendrera une destruction de la monnaie nationale, pour un montant équivalent au montant destiné à l'achat de devises. Cette destruction de la monnaie nationale (qui représente une partie du revenu national) deviendra une cause d'insuffisance de la demande globale dans le pays considéré. La libre circulation des marchandises aussi est une erreur qui persistera tant que les taux de change seront établis arbitrairement. Nous l'avons vu, ces taux de change sont à l'origine de la concurrence inégale entre les pays. Ils favorisent les délocalisations avec leurs conséquences néfastes. Nous constatons, enfin, que le développement des échanges internationaux engendré par ladite mondialisation ne respecte pas l'objectif des échanges internationaux et qu'il n'est pas favorable à l'économie durable.

En fait, la mondialisation de la production aura un sens, du point de vue de l'analyse économique, le jour où il y aura une monnaie unique pour l'ensemble des pays, le jour où seront réunies les conditions d'une véritable intégration monétaire et économique de l'ensemble des pays. Cette intégration perdurera lorsque les mêmes politiques sociales, salariales, fiscales, etc. seront appliquées dans l'ensemble des pays du monde. De plus, cette mondialisation, dans le cadre de l'économie humaine, n'engendrera plus le développement de la circulation des marchandises de par le monde, car aucune entreprise n'aura plus intérêt à délocaliser et aucun importateur n'aura intérêt à importer les biens qui seront produits dans son pays. Le cadre de cette économie favorisera donc le rapprochement des producteurs et des consommateurs, cela écartera aussi le gaspillage d'énergie dû à la circulation des marchandises de par le monde, ce qui sera favorable à l'économie durable.

XIV. Les conditions de la réalisation du véritable objectif des échanges internationaux

Le véritable objectif des échanges internationaux est la réalisation de l'enrichissement mutuel de l'ensemble des pays qui participent aux échanges. L'enrichissement mutuel signifie que chaque pays vend les produits dont il n'a pas besoin pour acheter les produits dont il a besoin. Il en résulte qu'aucun pays n'a besoin d'importer les produits qu'il produit ou qu'il a la possibilité de produire. Mais pour que cet objectif soit pleinement réalisé, les deux conditions suivantes doivent être satisfaites. Il faut, d'une part, que les taux de change soient établis dans le respect de la parité des pouvoirs d'achat, cela afin que les échanges se réalisent dans l'équivalence. Il faut, d'autre part, que la balance commerciale soit équilibrée.

Or, on fait croire aux dirigeants que la puissance de leur économie et donc de leur pays est proportionnelle au résultat positif de leur balance commerciale. En d'autres termes, plus sa balance commerciale est excédentaire, plus un pays se croit puissant. Ainsi, pour les dirigeants qui croient à cette affirmation fausse, l'un des objectifs de l'évolution de la production dans leur pays devient la réalisation d'un maximum d'exportations nettes. Dans ce cas, ces dirigeants ne voient pas que les exportations nettes (balance commerciale excédentaire) diminuent proportionnellement le pouvoir d'achat réel dans leur pays. Pour réaliser des excédents commerciaux, certains dirigeants n'hésitent pas à procéder à des dévaluations compétitives, cela afin que les monnaies de leurs pays soient sous-évaluées par rapport aux monnaies des pays auxquels sont destinés leurs produits. En effet, la sous-évaluation de la monnaie d'un pays favoriserait ses exportations et diminuerait ses importations. Ils ne voient pas non plus que la sous-évaluation de leur monnaie diminue encore le pouvoir d'achat réel dans leur pays. (Rappelons que le pouvoir d'achat réel baisse dans un pays dont la monnaie est sous-évaluée, même si celui-ci réalise une balance commerciale équilibrée.) En outre, dans le cadre du fonctionnement du système bancaire national actuel, le montant de devises représentant les excédents commerciaux est converti en monnaie nationale et dépensé sur le marché des produits dans chaque pays considéré. Mais ce montant n'a pas de contrepartie réelle. Ainsi lorsqu'il est dépensé, il exerce des prélèvements illégitimes et engendre un profit inflationniste, ce qui diminue encore, proportionnellement au montant ainsi dépensé, le pouvoir d'achat réel des titulaires du revenu légitime dans chaque pays considéré. Il apparaît clairement qu'un pays dont la monnaie est sous-évaluée, qui réalise une balance commerciale excédentaire et qui a un système bancaire ne respectant pas la règle normale de la création de monnaie, fait perdre à l'immense majorité de ses habitants, à trois niveaux, une partie de leur pouvoir d'achat réel. Toutefois, les prélèvements illégitimes ne se limitent pas à une seule période. En effet, ces prélèvements engendrent un profit inflationniste qui peut être dépensé indéfiniment sur le marché des produits. La dépense du profit inflationniste engendre des profits inflationnistes, ce qui augmente le montant des dividendes versés, tout en diminuant le pouvoir d'achat réel des titulaires de revenu légitime. On voit bien que cette situation est favorable aux exportateurs et aux financiers des entreprises considérées dans leur ensemble pour chaque pays considéré. On voit pourquoi les lobbies des exportateurs et financiers sont favorables aux exportations nettes.

Dans le cadre du fonctionnement actuel des économies nationales et de l'économie internationale, il est très rare que les deux conditions que nous venons d'évoquer soient satisfaites, afin que le véritable objectif des échanges internationaux se réalise. En réalité, lorsqu'elles sont satisfaites, cela relève d'un pur hasard. Il faut donc abandonner les règles arbitraires qui régissent le fonctionnement actuel de ces économies et les remplacer par des règles dont l'application assurerait leur fonctionnement normal.

L'économie humaine respectera les règles du fonctionnement normal de l'économie nationale et de l'économie internationale. Elle écartera le fait de pouvoir gagner de l'argent avec de l'argent. Elle écartera donc les échanges internationaux dont l'objectif est mercantile. Dans cette économie, les taux de change seront établis dans le respect de la parité des pouvoirs d'achat. Ainsi seront écartés les échanges inégaux, la concurrence inégale, les exportations et délocalisations dont l'objectif est purement mercantile. Elle permettra donc de rapprocher les producteurs des consommateurs. Dans cette économie, il ne sera plus nécessaire d'établir des droits de douane ni des taxes sur les importations afin de protéger la production nationale de chaque pays face à la concurrence inégale, puisque celle-ci n'existera plus. Le nouveau système monétaire et financier international sera indépendant de tous les pays, mais sera au service de tous les pays. Dans cette économie, le système bancaire national respectera la règle de la création de monnaie. Par conséquent, ce système bancaire ne créera plus de monnaie nationale en contrepartie de l'achat des devises qui entrent dans le pays. De ce fait sera écartée l'une des causes des prélèvements illégitimes. Cette économie créera donc les conditions de la réalisation du véritable enrichissement mutuel des pays qui participent aux échanges internationaux.

XV. Les nouvelles technologies sans frontières, qui vivent de la publicité

Les nouvelles technologies dans le domaine de l'économie ont engendré une économie d'échange, de biens et de services, sans frontières. Notre objectif est de démontrer que les règles dont l'application permet d'assurer le fonctionnement normal des échanges économiques engendrés par les nouvelles technologies ne sont pas différentes des règles du fonctionnement normal des échanges économiques dits traditionnels. Or, dans le cadre du fonctionnement actuel de l'économie, cette nouvelle économie d'échange a amplifié la concurrence inégale à l'intérieur des pays, entre les produits présentés sur le marché par les sites et par les commerçants de chaque pays considéré. Elle a facilité les évasions fiscales. Les sites qui présentent leurs services dans différents pays ne respectent pas toujours le droit fiscal de ces pays, ni leur droit du travail. Les consommateurs n'ont pas toujours la possibilité de faire respecter leur droit. En d'autres termes, actuellement ces sites ont la possibilité d'échapper au contrôle des autorités des pays où ils offrent leurs services. En outre, ces sites écartent le lien social entre vendeurs et consommateurs.

Les découvertes scientifiques résultent de l'évolution des connaissances. Elles sont en marche, certaines décisions sont susceptibles de les ralentir ou de les retarder, mais elles ne peuvent pas les arrêter. Toutefois, selon la façon dont les résultats des découvertes scientifiques sont utilisés, celles-ci peuvent avoir des effets positifs ou négatifs pour l'Homme (travailleurs et consommateurs), pour l'économie, pour l'avenir du vivant et pour l'avenir de la planète. Rabelais avait raison de mettre en garde en disant : "Science sans conscience n'est que ruine de l'âme". Il faut aussi mettre en garde les utilisateurs des résultats des découvertes scientifiques, car l'utilisation de ces résultats dans un but de domination, de propagande ou de marchandisation peut engendrer des conséquences néfastes pour l'Homme, pour les travailleurs, pour les consommateurs, pour l'économie, etc.

Nous nous intéressons ici aux sites qui utilisent les technologies informatiques sans frontières dans le domaine de l'économie. Nous allons donc évoquer les effets économiques, pour les consommateurs, les entreprises et les pays, de l'utilisation des résultats des découvertes scientifiques par ceux qui veulent gagner toujours plus d'argent. Précisons que le développement des sites qui offrent des services de par le monde est facilité et favorisé par la libre circulation des capitaux financiers, par la libre circulation des marchandises et par des taux de change arbitraires.

Nous pouvons distinguer trois sortes de sites, par la façon dont leur financement est organisé : financement indirect, financement direct et financement mixte.

Certains sites prétendent mettre leurs services à la disposition des utilisateurs gratuitement ou quasi gratuitement. Dans ce cas, la totalité ou une grande partie de leurs recettes viennent de la publicité. Ce sont les consommateurs, considérés dans leur ensemble, qui payent indirectement, en totalité ou en grande partie, le prix des services offerts par ces sites. Le financement des sites par la publicité revient à une sorte de financement par "impôts" indirects. Mais à la différence des impôts collectés par l'Etat et destinés à financer le fonctionnement de l'Etat et les services mis à la disposition de tous, cette sorte "d'impôt" prélevé par les sites ne sert qu'à financer le fonctionnement de ces sites et à verser des dividendes. Or, on ne voit pas s'élever beaucoup de protestations à l'encontre de cette sorte "d'impôt" prélevé par ces sites. Certains de ces sites peuvent être consultés dans le monde entier et générer des recettes substantielles voire pour quelques-uns des profits considérables dépassant parfois l'entendement. Les sites nationaux sont régis par les règlements de chaque pays concerné, par exemple, les droits du travail, la fiscalité, etc. Pour ce qui concerne les sites transnationaux, trois ensembles de questions essentiellement doivent être posées. Premièrement, quels règlements ces sites doivent-ils respecter lorsqu'ils emploient des travailleurs dans des pays différents, les règlements du pays d'origine de ces sites, les règlements du pays où ils ont implanté leur siège social ou les règlements de chaque pays où ils sont implantés ? Deuxièmement, les recettes récoltées par ces sites doivent-elles être comptabilisées globalement dans le pays où ils ont implanté leur siège social ou dans chaque pays selon l'utilisation des services offerts par ces sites ? Troisièmement, ces sites doivent-ils payer des impôts sur leur profit dans le pays où ils ont implanté leur siège social ou dans chaque pays où ils réalisent des profits ?

Réponse à la première question : les conditions de travail, la durée du travail, la protection sociale des travailleurs, etc. doivent être régies par les règlements du pays où les travailleurs sont employés par ces sites. *Réponse à la deuxième question* : les recettes récoltées par ces sites dans chaque pays viennent du montant récolté par la publicité dans chaque pays considéré. Il en résulte qu'en dernière analyse le montant des recettes de ces sites est payé par les consommateurs, considérés dans leur ensemble, de chaque pays considéré. Par conséquent, les recettes récoltées par ces sites doivent être comptabilisées dans chaque pays selon l'utilisation dans ce pays des services offerts par ces sites. *Réponse à la troisième question* : pour les mêmes raisons que dans les questions précédentes, ces sites doivent payer des impôts sur leur profit dans chaque pays où ils l'ont réalisé. Pour les mêmes raisons, ils doivent utiliser le profit dans chaque pays où ils l'ont réalisé. Dans l'économie actuelle, les impôts sur les profits non investis doivent être progressifs et exponentiels, cela afin de diminuer leur impact sur le pouvoir d'achat réel des travailleurs.

Lorsque l'économie humaine sera mise en place, les profits non investis par les entreprises qui les ont réalisés seront gérés par le département du capital du système bancaire de chaque pays et seront mis à la disposition des entreprises qui en ont besoin.

Les technologies informatiques ont fait aussi apparaître des sites internet qui proposent des produits qu'ils mettent en vente sur leurs sites, c'est le commerce en ligne. Or, les produits proposés par ces sites peuvent être de bonne ou de mauvaise qualité et même parfois dangereux pour la santé et la sécurité des consommateurs. Cette situation représente un casse-tête pour les organismes de contrôle, lorsqu'ils existent, et un fléau pour les acheteurs-consommateurs. Etant donné que ces sites peuvent être placés n'importe où dans le monde et qu'ils peuvent vendre des produits dans le monde entier, les consommateurs peuvent être trompés, abusés, le plus souvent sans véritable recours, car ils n'ont pas ou ils ont peu de possibilités d'effectuer des réclamations et, lorsqu'ils le font, il n'est pas certain que ces réclamations aboutissent. Certains disent que les sites internet qui proposent des produits de mauvaise qualité ou dangereux pour la santé et la sécurité sont condamnés à disparaître. Or, tant qu'il n'y a pas de véritable contrôle, ils peuvent réapparaître sous de nouveaux noms et cela indéfiniment. Ils peuvent donc sévir longtemps. C'est pourquoi il est urgent d'établir des règles internationales, afin de pouvoir les contrôler véritablement. En outre, le commerce sans frontières et dit mondialisé par ces sites peut, selon leur localisation, engendrer une concurrence inégale et déloyale entre les sites eux-mêmes et entre les produits présentés sur les sites et les produits présentés sur le marché par les commerçants implantés dans chaque pays. Ces effets néfastes sont les conséquences des taux de change arbitraires. En outre, ces taux de change favorisent le développement du transport des produits de par le monde, ce qui n'est pas favorable à l'environnement. Par conséquent, tant que ces taux de change dureront, tant qu'il n'y aura pas de véritables règles ni de véritable contrôle dureront aussi ces effets néfastes.

Enfin, dernier effet nocif, faut-il le rappeler : les paradis fiscaux. La possibilité d'implanter des sièges sociaux dans les paradis fiscaux, où sont placés les comptes de certains sites et entreprises traditionnelles, pour échapper aux impôts, est une anomalie. Elle est l'une des conséquences du fonctionnement actuel, fonctionnement vicieux, des économies nationales et de l'économie internationale. Aussi, tant que ce fonctionnement durera, durera la possibilité d'échapper aux impôts pour les sites, les entreprises, les fraudeurs, etc.

Dans le cadre de l'économie actuelle, le développement du commerce en ligne « le commerce sans frontières » risque d'accentuer, au niveau international, la concurrence inégale et au niveau national la concurrence déloyale. Il risque de faire augmenter de façon considérable le nombre de consommateurs trompés. Il risque de faire augmenter le montant qui échappe aux impôts et donc le manque à gagner pour les Etats. Le problème est donc de savoir quelles sont les règles à appliquer et les décisions à prendre et à appliquer pour écarter ces risques.

Nous l'avons vu, pour écarter la concurrence inégale au niveau international, il faut que les taux de change soient établis dans le respect de la parité des pouvoirs d'achat. Pour écarter la concurrence déloyale, il faut harmoniser les taux d'imposition dans l'ensemble des pays. Pour écarter le risque que les consommateurs soient trompés, il faut pouvoir sans difficulté identifier les responsables des sites. Il faut aussi pouvoir contrôler la qualité des produits proposés par ces sites, la qualité des produits doit correspondre exactement à la description sur les sites. Il faut, en outre, que les sites prennent en charge tous les frais dans le cas où les consommateurs souhaitent renvoyer ou échanger les produits achetés sur ces sites. Pour écarter le risque d'évasion fiscale, il faut supprimer la libre circulation des capitaux. En fait, le développement du commerce sur internet met en évidence non seulement la nécessité, mais aussi l'urgence de l'application des règles du fonctionnement normal de l'économie nationale et de l'économie internationale et de l'harmonisation des décisions concernant ce commerce international. Dans ce dernier cas, il faut que se mettent en place des organismes nationaux et internationaux qui puissent identifier, suivre et sanctionner les sites qui ne respectent pas les règles et exigences évoquées.

Chapitre IV

Principes et règles de l'économie nationale et de l'économie internationale[2]

I. Introduction

La nouvelle théorie économique que j'ai proposée part de l'objectif de l'économie, qui est de satisfaire les besoins économiques des individus, elle établit les prémisses de l'économie et, par un raisonnement rationnel, grâce à une exigence rigoureuse, mathématique et géométrique, elle établit, à la suite de ces prémisses, les principes de l'économie artisanale, de l'économie salariale et de l'économie internationale. De ces principes, elle tire logiquement les règles du fonctionnement normal de l'économie.

Ces principes sont immuables, ils sont vrais dans l'espace et dans le temps. L'application des règles qui découlent de ces principes assure le fonctionnement normal de l'économie. La non-application de ces règles engendre des conséquences néfastes, mais ne met pas en cause les principes. L'apparition de conséquences néfastes, dues au fonctionnement de l'économie est le résultat de l'application de règles arbitraires.

---

[2] Ces principes et règles, complétés ici, sont repris de mon ouvrage : *Méthodologies économiques et éthique scientifique* [2006], Ed. L'Harmattan.

Définition n°1. L'objectif de l'économie est la satisfaction des besoins économiques des individus.

Définition n°2. Pour satisfaire les besoins économiques il faut produire et avoir un revenu.

Définition n°3. Pour avoir un revenu légitime, il faut participer à la réalisation de la production.

Définition n°4. Dans une économie salariale, le revenu est déterminé dès la production dans l'acte de la rémunération du travail. Il représente sa contrepartie, le produit.

Définition n°5. Le revenu, déterminé dès la production dans l'acte de la rémunération du travail, est destiné au marché des produits, ce qui lui permet d'écouler sa contrepartie, le produit.

Définition n°6. La monnaie est distincte du revenu monétaire. La monnaie est un symbole, un outil, une unité de mesure, un équivalent général ; le revenu est un pouvoir d'achat. Cette définition découle des définitions n°3 et 4.

Définition n°7. Le pouvoir d'achat légitime est le résultat de la dépense sur le marché des produits du revenu, par ceux qui l'ont obtenu grâce à leur participation à la réalisation de la production de biens et services. Cette définition découle des définitions n°4 et 5.

Définition n°8. Le profit normal est une partie du revenu légitime captée par les entreprises, il apparaît au moment de l'échange. Cette définition découle de la définition n°4.

Définition n°9. Le pouvoir d'achat indu est le résultat de la dépense sur le marché des produits du profit distribué : dividendes et intérêts. Cette définition découle des définitions n°4 et 7.

Définition n°10. Le pouvoir d'achat illégitime est le résultat de la dépense de la monnaie sur le marché des produits, sans que celle-ci ait été transformée en revenu. Cette définition découle des définitions n°4, 5 et 6.

Définition n°11. Le profit net (profit inflationniste qui engendre le déséquilibre monétaire) est le résultat de la dépense de la monnaie sur le marché des produits. Cette définition découle des définitions n°4, 6 et 9.

Définition n°12. Le dysfonctionnement de l'économie est la conséquence de l'utilisation par les entreprises d'un pouvoir d'achat légitime (capté ou emprunté, profit ou épargne) destiné à monétiser la production dans l'acte de la rémunération du travail. Cette définition découle des définitions n°4 et 5.

Définition n°13. Le véritable objectif des échanges internationaux est la réalisation de l'enrichissement mutuel.

II. Les principes et règles de l'économie artisanale

1° *Les principes de l'économie artisanale*

Principe n°1

Proposition : La production seule permet de satisfaire les besoins économiques des individus.

Démonstration : Sans la production, il n'y a pas de produit et donc aucun besoin économique ne peut être satisfait.

Principe n°2

Proposition : La production seule est source de revenu.

Démonstration : Sans la production, il n'y a ni produit ni revenu. Pour obtenir un revenu (un droit légitime sur les produits), il faut participer à la réalisation de la production de biens et de services. Ces deux principes constituent les prémisses de l'économie nationale.

Principe n°3

Proposition : L'économie artisanale est une économie d'échange.

Démonstration : Dans une économie artisanale, l'artisan obtient son produit et l'échange sur le marché.

Principe n°4

Proposition : Dans une économie artisanale, valeur créée et prix, bien que distincts, sont déterminés au moment de l'échange.

Démonstration : Ce principe découle du principe n° 3. Dans une économie d'échange artisanale, le prix du produit est connu au moment de l'échange. Le producteur-échangiste (artisan) connaît son revenu en déduisant ses frais de production[3] du prix de son produit. Aussi son revenu représente-t-il la valeur qu'il a créée.

---

[3] Les frais de production de l'artisan sont constitués par l'achat de matières premières, de produits intermédiaires, etc.

Principe n°5

Proposition : Dans une économie d'échange, les achats sont financés par les ventes.

Démonstration : Ce principe découle des principes n° 3 et 4. Dans une économie d'échange artisanale, le producteur-échangiste obtient son produit à la production et c'est la vente de son produit qui lui donne un droit légitime sur les produits d'autres producteurs-échangistes. Pour exercer un pouvoir d'achat, il faut avoir un revenu et, pour obtenir un revenu, l'artisan doit vendre son produit. C'est le revenu ainsi obtenu qui lui permet de financer ses achats.

Principe n°6

Proposition : Le profit n'existe pas dans une économie d'échange artisanale.

Démonstration : Ce principe découle des principes n° 3, 4 et 5. Le producteur-échangiste obtient son propre produit et l'échange contre d'autres produits qui lui sont équivalents. Le profit n'apparaît pas, car l'artisan obtient lui-même l'équivalent de son produit à travers l'échange.

Principe n°7

Proposition : La monnaie est un moyen d'échange et non un pouvoir d'achat légitime (elle n'a pas de droit légitime sur les produits).

Démonstration : Ce principe découle des 2° et 5° principes. Sans la production, la monnaie ne peut exercer aucun pouvoir d'achat puisqu'il n'y a alors aucun produit à acheter. La monnaie est au service de l'économie. Dans une économie artisanale, ce sont les ventes qui financent les achats et la monnaie intervient en tant qu'intermédiaire des échanges, équivalent général, mais non en tant que pouvoir d'achat légitime.

Principe n°8

Proposition : Dans une économie artisanale, la quantité de monnaie qui entre dans les transactions par les producteurs-échangistes n'a pas d'effet sur leur pouvoir d'achat réel.

Démonstration : Ce principe découle du principe n° 7. Dans une économie artisanale où les échanges sont monétaires, l'artisan obtient la contrepartie de son produit sous forme de monnaie. L'artisan, en dépensant le montant de la monnaie ainsi reçue, obtient des produits qui sont équivalents à son propre produit.

Principe n°9

Proposition : Dans une économie d'échange artisanale, la monnaie apparaît pour monétiser les échanges et elle disparaît, économiquement, une fois les échanges terminés.

Démonstration : Ce principe découle des 2°, 5° et 7° principes. Dans cette économie, ce sont les ventes qui financent les achats, la monnaie intervient en tant qu'intermédiaire des échanges, équivalent général.

Ce qui reste à la fin des échanges ce sont les créances-dettes des vendeurs excédentaires et des acheteurs excédentaires. Les créances-dettes sont des opérations purement financières.

2° *Les principales règles qui régissent le fonctionnement harmonieux (normal) de l'économie artisanale*

Les règles sont déduites logiquement des principes.

Règle n° 1

Proposition : Dans une économie artisanale, les achats doivent être financés par les ventes.

Démonstration : Cette règle découle du principe n° 5, selon lequel ce sont les ventes qui financent les achats. Il découle de ce principe que, dans cette économie, pour exercer un pouvoir d'achat légitime sans endettement, il faut vendre au moins pour le montant de ses achats.

Précision : Le non-respect de cette règle ne remet pas en cause les principes de l'économie. Il met en cause le fonctionnement des organismes monétaires et financiers, qui confondent alors monnaie et revenu monétaire, du fait qu'ils sont régis par des règles arbitraires.

Règle n° 2

Proposition : Dans une économie artisanale, les achats excédentaires doivent être financés par les ventes excédentaires.

Démonstration : Cette règle découle du principe n° 5, selon lequel les achats sont financés par les ventes. Par définition, l'ensemble des achats est égal à l'ensemble des ventes. Par conséquent, l'ensemble des achats nets est équivalent à l'ensemble des ventes nettes. Les ventes nettes financent, directement ou indirectement (par l'intermédiaire du système financier), les achats nets. Dès que les achats nets sont financés par les ventes nettes, apparaissent des créances et des dettes. Les vendeurs excédentaires deviennent créanciers des acheteurs excédentaires. Les créances-dettes disparaissent lorsque les acheteurs nets deviennent vendeurs nets pour le même montant et remboursent leurs créanciers. Les créances et les dettes représentent des opérations purement financières. Elles n'ont aucun effet sur le fonctionnement normal de l'économie.

Précision : Le non-respect de cette règle ne remet pas en cause les principes de l'économie. Il met en cause le fonctionnement des institutions monétaires et financières, qui confondent monnaie et revenu monétaire (cf. précision à la règle suivante).

Règle n° 3

Proposition : Dans une économie artisanale, la monnaie doit être introduite par les producteurs-échangistes.

Démonstration : Cette règle découle des 2°, 5°, 7° et 8° principes. La monnaie est un équivalent général, elle est nécessaire pour faciliter les échanges mais elle n'a pas de pouvoir d'achat légitime. La production est la source du revenu. Les producteurs-échangistes (travailleurs-artisans) sont la cause de la production, donc le produit leur appartient et ce sont eux qui l'échangent sur le marché. Aussi la monnaie doit-elle être introduite dans cette économie par les producteurs-échangistes. Le producteur direct (artisan), par la vente de son produit, obtient la monnaie qui représente le prix de son produit, permettant de déterminer son revenu, son droit légitime sur les produits réalisés par d'autres producteurs-échangistes.

Il découle de cette règle que toute monnaie qui entre dans les échanges par d'autres acteurs que les producteurs-échangistes ou leurs ayants droit exerce un pouvoir d'achat illégitime. Dans ce cas, l'acheteur ne finance ses achats ni par ses ventes ni par le résultat des ventes excédentaires d'autres producteurs-échangistes.

Précision : Le non-respect de cette règle ne remet pas en cause le principe n°5. Si l'acheteur net se fait accorder un crédit qui n'a pas sa source dans le montant des ventes nettes, ce crédit lui permet d'exercer un pouvoir d'achat qui ne peut être qu'illégitime car il diminue d'autant le pouvoir d'achat réel des producteurs-échangistes qui, lui, est légitime. Ce cas met en cause le fonctionnement des institutions monétaires et financières, qui confondent monnaie et revenu monétaire (l'épargne des artisans).

Règle n° 4

Proposition : Dans une économie non salariale libre, chaque producteur doit obtenir la totalité de son produit à la production pour l'échanger sur le marché.

Démonstration : Cette règle découle des 2°, 5° et 6° principes. La production est la source du revenu et le travail est la cause de la production ; par conséquent, le produit appartient au travailleur qui l'obtient à la production et l'échange sur le marché.

Précision : Le non-respect de cette règle ne remet pas en cause les principes de l'économie, il met en cause le système politique. Si le travailleur n'obtient pas son produit à la production, il se trouve dans une économie de servage, une économie esclavagiste ou assimilée. Il n'y a que dans une économie de servage, esclavagiste ou assimilée, que le travailleur n'obtient pas la totalité de son produit ou son équivalent. Dans cette économie, c'est la loi du plus fort qui s'impose et, dans ce cas, le travailleur n'est pas artisan puisque le produit de son travail est approprié par son maître ou assimilé. Par conséquent, le non-respect de cette règle met en évidence le caractère injuste d'un système politique où s'impose la loi du plus fort.

III. Les principes et règles de l'économie salariale

L'étude de l'économie salariale exige que deux phases soient distinguées, la phase de la production et la phase de l'échange et cela même si l'une est la conséquence de l'autre. Les principes de l'économie salariale concernent essentiellement la phase de la production. Les principes établis rationnellement sont immuables. Les règles déduites logiquement de ces principes concernent essentiellement la phase de l'échange. Elles régissent le fonctionnement harmonieux de l'économie et doivent donc être respectées. Elles sont nécessaires dans la phase de l'échange car, en l'absence de règles déduites des principes établis par une théorie économique dans le respect de l'éthique scientifique (théorie économique établie rationnellement), les politiques, les institutions et les théories partisanes peuvent établir des règles sans fondement rationnel, des règles arbitraires, susceptibles de favoriser certaines catégories au détriment des autres, et c'est précisément l'application de règles arbitraires qui constitue la principale cause des prélèvements indus, des prélèvements illégitimes, des crises économiques, des crises financières et du dysfonctionnement de l'économie, dont le chômage et la misère relative ou absolue des travailleurs sont deux des manifestations. C'est pourquoi les règles déduites des principes doivent être appliquées. Elles doivent guider les responsables politiques et économiques lorsqu'ils établissent les règles de fonctionnement des institutions et organismes qui sont en relation avec l'économie. Les règles déduites des principes doivent représenter une référence dans leur mission de contrôle du fonctionnement de l'économie de marché.

1° *Les principes de l'économie salariale*

Principe n° 1

Proposition : La production seule permet de satisfaire les besoins économiques des individus.

Démonstration : Sans la production, il n'y a pas de produit et donc aucun besoin économique ne peut être satisfait.

Principe n° 2

Proposition : La production seule est source de revenu.

Démonstration : Sans la production, il n'y a ni produit ni revenu. Le produit résulte de la production. Le revenu représente la contrepartie du produit. Par conséquent, le revenu apparaît grâce à la production.

Nous l'avons vu, ces deux principes constituent les prémisses de l'économie.

Principe n° 3

Proposition : Dans une économie salariale, le revenu légitime se forme dès la production dans l'acte de la rémunération du travail, travail qui est la cause de la production (cf. principe n°6). D'après ce principe, la rémunération du travail n'est pas un achat, elle constitue la formation du revenu.

Démonstration : Dans une économie salariale, par définition, les travailleurs n'obtiennent pas leur produit à la production. Dans un premier temps, ils obtiennent une rémunération qui représente la valeur monétaire de leur produit, leur droit légitime sur le produit. En effet, la production étant la source du revenu, et le travail étant la cause de la production, il en résulte logiquement que la rémunération du travail représente la valeur du produit.

La rémunération du travail ne peut pas être considérée comme un achat car, d'une part, rémunérer le travail ne signifie pas se l'approprier ni s'approprier le produit du travail, d'autre part, pour pouvoir exercer un pouvoir d'achat légitime, il faut avoir un revenu, or, d'après le principe n°2, le revenu n'existe pas avant la production.

Principe n° 4

Proposition : Dans une économie salariale, le revenu est à la fois réel et monétaire.

Démonstration : Ce principe découle des deux principes précédents. Les travailleurs sont la cause de la production. Dans une économie salariale, les travailleurs n'obtiennent pas leur produit à la production, ils obtiennent un revenu qui représente la valeur monétaire de leur produit et leur droit sur le produit. Le revenu est à la fois monétaire et réel, car le revenu monétaire représente le droit légitime sur le produit.

Principe n° 5

Proposition : La dépense du revenu monétaire, formé à la production dans l'acte de la rémunération du travail, a le pouvoir d'écouler sa contrepartie, le produit.

Démonstration : Le revenu monétaire légitime ayant sa source dans la production et représentant la valeur monétaire du produit, sa dépense dans les achats finals signifie l'écoulement du produit. Cette démonstration découle du deuxième principe.

Il résulte de ce principe (n°5) et du principe précédent que la dépense du revenu monétaire légitime dans les achats finals signifie la disparition du revenu monétaire légitime et la disparition économique de sa contrepartie, le produit.

Principe n° 6

Proposition : Le produit ne peut être approprié que par l'Homme, le revenu monétaire est donc formé dans l'acte de la rémunération du travail.

Démonstration : Ce principe découle des 1°, 2°, 4° et 5° principes et de l'objectif de l'économie. Les produits (le capital sous ses différentes formes, réel ou monétaire) et la terre n'ont pas de besoins à satisfaire et ne peuvent pas, par définition, exercer de pouvoir d'achat, donc ils ne peuvent pas logiquement ni légitimement être rémunérés.

Principe n° 7

Proposition : L'économie salariale est une économie monétaire.

Démonstration : Ce principe découle du 3° principe : du fait que les travailleurs n'obtiennent pas directement leur produit à la production, ils obtiennent sa contrepartie sous forme monétaire.

Principe n° 8

Proposition : La monnaie, en tant que telle, ne représente pas un pouvoir d'achat légitime, elle n'a pas de droit légitime sur les produits.

Démonstration : Sans la production, la monnaie ne peut exercer aucun pouvoir d'achat puisqu'il n'y a alors aucun produit à acheter. La monnaie est un symbole, un numéraire au service de la production et, si elle ne se transforme pas en revenu, elle n'a aucun droit légitime sur les produits.

Principe n° 9

Proposition : Dans une économie salariale, la monnaie se charge d'un pouvoir d'achat légitime, elle devient revenu monétaire dans l'acte de la rémunération des travailleurs qui participent à la réalisation de la production.

Démonstration : Ce principe découle du deuxième et du troisième principes. Les travailleurs étant la cause de la production, leur rémunération représente la valeur monétaire de la production. C'est, en effet, dans l'acte de la rémunération des travailleurs que la monnaie devient un revenu ou pouvoir d'achat légitime, en obtenant ainsi un droit légitime sur les produits.

Principe n° 10

Proposition : Dans une économie salariale, le montant de monnaie qui monétise la production dans l'acte de la rémunération du travail est un montant nécessaire et suffisant dont la dépense sur le marché des produits permet d'écouler sa contrepartie, le produit.

Démonstration : Ce principe découle des principes n° 4 et 5. La rémunération du travail représente la valeur du produit. Le montant du revenu ainsi formé dès la production représente le droit légitime sur le produit. Par conséquent, le montant du revenu formé à la production est un montant nécessaire et suffisant pour écouler le produit. Dans une économie salariale, le revenu national, formé à la production dans l'acte de versement des salaires, représente le produit national. Par conséquent, à chaque période, la rémunération du travail détermine le montant de monnaie qui doit circuler dans cette économie.

Principe n° 11

Proposition : Dans une économie salariale, la quantité de monnaie qui monétise la production dans l'acte de la rémunération du travail à chaque période n'a pas d'effet sur le pouvoir d'achat réel des travailleurs considérés dans leur ensemble.

Démonstration : Ce principe découle des principes précédents. La monnaie est un symbole, un numéraire au service de la production. Le revenu monétaire représente le revenu réel, le produit. Par conséquent, quelle que soit la quantité de monnaie qui monétise la production dans l'acte de la rémunération du travail, elle représente le revenu réel, le produit de la période considérée.

Principe n° 12

Proposition : Le profit normal (profit réalisé dans l'équilibre monétaire) représente la partie du revenu des travailleurs captée par les entreprises.

Démonstration : Ce principe découle des 2°, 3° et 5° principes. Le revenu monétaire est formé à la production dans l'acte de la rémunération des travailleurs et il représente la valeur monétaire du produit. Le produit est écoulé par la dépense du revenu dans les achats finals. Par définition, le profit apparaît au moment de l'échange, du fait de l'écart entre prix et coût de production, il est donc prélevé sur le revenu des travailleurs formé à la production.

Principe n° 13

Proposition : Le profit réalisé par la dépense du revenu (le profit réalisé dans l'équilibre monétaire, le profit normal) est à la fois réel et monétaire.

Démonstration : Ce principe découle des 4°, 11° et 12° principes. Le revenu est à la fois réel et monétaire. Le profit étant une partie du revenu des travailleurs captée par les entreprises, il est aussi à la fois réel et monétaire. Le profit monétaire est donc destiné au marché des produits.

Principe n° 14

Proposition : Le profit normal est une nécessité absolue dans une économie d'évolution.

Démonstration : Ce principe découle des 9°, 10°, 11°, 12° et 13° principes. Pour exercer un pouvoir d'achat, il faut avoir un revenu. Le profit constitue le revenu des entreprises. Il leur permet de financer l'achat de biens capitaux, d'augmenter leur capital, ce qui favorise la croissance économique. Il leur permet aussi de rembourser leurs dettes.

Principe n° 15

Proposition : Le profit normal est maximal lorsque l'épargne destinée aux entreprises est nulle.

Démonstration : Ce principe découle des 3°, 4°, 12° et 13° principes. Lorsque l'épargne destinée aux entreprises est nulle, les entreprises, considérées dans leur ensemble, en vendant une partie de leurs produits (les produits de consommation), récupèrent la totalité du montant de monnaie qui leur a permis de monétiser la production dans l'acte de versement des salaires. Le montant du profit normal ainsi réalisé est maximal, car il représente la valeur monétaire de la partie du produit non appropriée par les consommateurs et déposée dans les entreprises considérées dans leur ensemble.

Principe n° 16

Proposition : Le montant du profit normal maximal est un montant nécessaire et suffisant pour financer l'achat des biens capitaux réalisés dans chaque pays considéré.

Démonstration : Ce principe découle des 3°, 4°, 12°, 13° et 14° principes. Le montant du profit normal maximal représente la valeur monétaire de la partie du produit non appropriée par les consommateurs et déposée dans les entreprises considérées dans leur ensemble. Dans les entreprises considérées dans leur ensemble, apparaissent à la fois les produits qui ne sont pas appropriés par les consommateurs et leur contrepartie, le profit monétaire maximal. Par définition, la condition de la formation du capital apparaît lorsque les produits et leur contrepartie monétaire se trouvent, à la fois, dans les entreprises. Ainsi, par la dépense du profit maximal, les entreprises s'approprient la totalité des produits représentant le capital qui est réalisé dans chaque pays considéré.

Principe n° 17

Proposition : Lorsque l'épargne destinée aux entreprises est nulle, les entreprises considérées dans leur ensemble sont indépendantes du marché financier.

Démonstration : Ce principe découle des 3°, 4°, 12°, 13, 15 et 16° principes. Lorsque l'épargne destinée aux entreprises est nulle, le profit est maximal. D'après le principe n° 16, le montant du profit maximal est un montant nécessaire et suffisant pour financer l'achat du capital réalisé dans chaque pays considéré. Il résulte de ce principe que toute incitation qui favorise l'épargne destinée aux entreprises diminue leur profit et les rend dépendantes du marché financier.

2° *Les principales règles qui régissent le fonctionnement harmonieux (normal) de l'économie salariale*

Règle n° 1

Proposition : Le revenu formé dans chaque pays ou dans un ensemble de pays à économie véritablement intégrée[4] est destiné au marché des produits de ce pays ou de l'ensemble de pays à économie intégrée.

Démonstration : Cette règle découle des 1°, 3°, 4° et 5° principes. Le revenu monétaire représente le revenu réel, le produit. La dépense du revenu permet de satisfaire les besoins économiques. La dépense du revenu dans les achats finals permet non seulement d'écouler sa contrepartie, le produit, mais aussi et surtout elle permet aux entreprises d'un pays ou d'un ensemble de pays à économie intégrée de récupérer le montant de monnaie

---

[4] Sont intégrées les économies qui ont la même monnaie. Toutefois, la véritable intégration, qui ne fait apparaître ni pays perdants ni pays gagnants et qui écarte les délocalisations qui ont un objectif mercantile à l'intérieur de cet ensemble, exige, d'une part que l'ensemble de ces pays aient les mêmes politiques fiscales, salariales et sociales, d'autre part que, au moment de l'intégration dans le cadre de la monnaie unique, les taux de change des monnaies de l'ensemble de ces pays aient été établis dans le respect de la parité des pouvoirs d'achat.

grâce auquel elles ont pu monétiser la production dans l'acte de la rémunération du travail.

Règle n° 2

Proposition : Dans une économie salariale, la monnaie nouvellement créée doit être destinée uniquement à la monétisation de la production dans l'acte de la rémunération des travailleurs qui participent à la réalisation de la production.

Démonstration : Cette règle découle des principes n° 3 et de 5 à 10. Pour que la monnaie se charge d'un pouvoir d'achat, pour qu'elle devienne un droit légitime sur les produits, elle doit se transformer en revenu. Elle se transforme en revenu dans l'acte de la rémunération des travailleurs, car le travail est la cause de la production. Cette règle doit régir le fonctionnement du système bancaire national.

Précision : Le non-respect de cette règle ne remet pas en cause les principes de l'économie. Il met en cause le fonctionnement du système bancaire national qui confond monnaie et revenu monétaire (comme le met en évidence la règle n° 3).

Règle n° 3

Proposition : Dans une économie salariale, la monnaie nouvellement émise ne doit pas être dépensée sur le marché des produits, car elle exerce un prélèvement illégitime sur le pouvoir d'achat réel des travailleurs.

Démonstration : Cette règle découle des 3°, 4°, 8° et 9° principes. La monnaie nouvellement émise n'a pas de droit légitime sur les produits tant qu'elle n'a pas été transformée en revenu. Si elle est dépensée sur le marché des produits, elle exerce un pouvoir d'achat illégitime qu'elle prélève sur celui des titulaires de revenu en amputant une partie de leur pouvoir d'achat réel qui, lui, est légitime.

Précision n°1 : Le non-respect de cette règle ne remet pas en cause les principes de l'économie. Les prélèvements illégitimes exercés par la monnaie sont un vol « légitimé » par les institutions, essentiellement monétaires et financières, et par les responsables politiques et économiques qui défendent ces institutions, institutions dont le fonctionnement ne respecte pas les règles qui découlent des principes de l'économie. Ce sont donc les institutions, essentiellement monétaires et financières, et les dirigeants politiques et économiques qui sont responsables des prélèvements illégitimes.

Précision n°2 : Le fait que la monnaie puisse être dépensée sur le marché des produits trouve son origine dans l'idée selon laquelle la monnaie a un pouvoir libératoire de la dette et un pouvoir d'achat libératoire, idée fallacieuse provenant de certains auteurs qui ont établi les règles arbitraires du fonctionnement des institutions monétaires. La monnaie n'a pas de pouvoir libératoire de la dette, car le débiteur se désendette vis-à-vis de son créancier en s'endettant vis-à-vis du système bancaire, dans ce cas, il n'y a pas de véritable désendettement. En fait, ce n'est pas la monnaie mais le revenu monétaire qui a un pouvoir d'achat libératoire. Le non-respect de cette règle met en cause le fonctionnement du système bancaire qui confond monnaie et revenu monétaire.

Règle n° 4

Proposition : Dans une économie de production salariale, la rémunération des travailleurs ne doit pas être puisée dans le revenu monétaire (épargne et profit), qui est destiné uniquement au marché des produits.

Démonstration : Cette règle découle des 3°, 4°, 5° et 9° principes. Le revenu monétaire est destiné à exercer son pouvoir d'achat sur les produits qui représentent sa contrepartie. La rémunération des travailleurs n'est pas un achat, en fait elle représente la formation du revenu. Si le revenu (profit et épargne) monétise, outre la contrepartie de son produit, une production encore à venir, il représentera deux productions de deux périodes différentes. Or, le revenu monétaire de chaque période est destiné à exercer son pouvoir d'achat sur les produits qui représentent sa contrepartie. Par conséquent, l'une des productions ne pourra pas être écoulée. C'est donc bien cette façon d'utiliser le revenu monétaire pour rémunérer les travailleurs qui devient ainsi l'une des principales causes de l'insuffisance de la demande globale, de la faillite de certaines entreprises et du dysfonctionnement de l'économie salariale, dont l'augmentation du chômage est l'une des principales manifestations. Cette règle doit régir le fonctionnement du système bancaire national.

Précision n°1 : Lorsqu'un pouvoir d'achat légitime sur les produits est utilisé pour monétiser la production dans l'acte de la rémunération du travail, il est utilisé en tant que monnaie, de ce fait, il disparaît en tant que revenu. D'après les 4° et 9° principes, lorsque le revenu monétaire disparaît, sa contrepartie, le produit, disparaît économiquement. Toutefois, du fait de cette disparition prématurée (due à cette façon d'utiliser un pouvoir d'achat légitime), certaines entreprises ne récupèrent pas la totalité du montant qui leur a permis de monétiser leur production dans l'acte de la rémunération du travail, c'est là l'une des principales causes de l'apparition de l'insuffisance de la demande globale. Dans ce cas, le montant que certaines entreprises ne peuvent pas récupérer est égal au montant du revenu monétaire utilisé en tant que monnaie.

Précision n°2 : Le non-respect de cette règle ne remet pas en cause les principes de l'économie. Il met en cause le fonctionnement du système monétaire et financier qui confond monnaie et revenu monétaire. Il met en cause aussi et surtout les dirigeants politico-économiques qui laissent le système monétaire et financier appliquer des règles arbitraires.

Précision n°3 : Il est vrai que l'insuffisance de la demande globale n'apparaît pas dans le cas où les entrepreneurs utilisent leur profit pour monétiser leur production (en partie ou en totalité) dans l'acte de la rémunération des travailleurs et dans le cas où ils s'approprient dès la production le produit ainsi monétisé. Toutefois, cette façon d'utiliser le profit peut être comparée à une situation d'esclavagisme ou assimilée, car les travailleurs placés dans cette situation reçoivent un revenu monétaire vide (leur produit n'apparaît pas sur le marché, car il est directement approprié dès la production). Cette façon d'utiliser le profit est une conséquence du non-respect de cette règle, mais elle ne remet pas en cause les principes de l'économie. Elle met en cause le fonctionnement du système monétaire et financier qui confond monnaie et revenu monétaire. Elle met en cause aussi et surtout les dirigeants politico-économiques qui laissent le système monétaire et financier appliquer des règles arbitraires.

Règle n° 5

Proposition : Le profit monétaire normal est destiné à financer les investissements additionnels dans le pays ou dans l'ensemble de pays à économie véritablement intégrée où il est réalisé.

Démonstration : Cette règle découle des 2°, 3°, 12° et 13° principes ; dans chaque pays ou ensemble de pays à économie intégrée, le revenu est formé à la production sur les travailleurs et il représente la valeur monétaire du produit. Le profit monétaire représente la valeur monétaire de la partie du produit qui n'est pas appropriée par les travailleurs. Le profit monétaire étant prélevé sur le revenu, il diminue le pouvoir d'achat réel des travailleurs dans la période où il est réalisé, il constitue une sorte d'épargne forcée des travailleurs. Cette diminution du pouvoir d'achat réel devra être compensée dans les périodes à venir. Elle sera compensée grâce aux investissements additionnels qui favorisent l'amélioration de la productivité du travail, l'augmentation de la production et, donc, l'augmentation du pouvoir d'achat réel des titulaires de revenu, dans un pays ou dans un ensemble de pays à économie intégrée.

En outre, pour une technologie donnée, les investissements additionnels diminuent le nombre de chômeurs, ce qui augmente la production et améliore le pouvoir d'achat réel dans le pays considéré ou dans l'ensemble de pays à économie intégrée. Par conséquent, le profit monétaire est une nécessité dans une économie d'évolution et il ne doit donc pas être distribué pour être dépensé sur le marché des produits de consommation. Cette façon d'utiliser le profit monétaire engendre la perte définitive d'une partie du pouvoir d'achat réel des travailleurs et représente une occasion manquée de réaliser directement des investissements additionnels qui permettraient d'améliorer la situation de l'emploi et le pouvoir d'achat réel dans l'économie considérée ou dans l'ensemble des économies intégrées.

Le respect de cette règle écarte l'une des principales causes des prélèvements indus qui apparaissent du fait de la distribution du profit monétaire.

Précision n°1 : Dans une économie salariale concurrentielle, le niveau de l'emploi dépend du niveau des investissements pour une technologie donnée et pour la durée de travail déterminée dans chaque pays.

La relation emploi-investissement découle de deux exigences liées : l'exigence de la technologie et l'exigence de la concurrence. En ce qui concerne la première exigence, la technologie d'une période impose le nombre de travailleurs que les entrepreneurs doivent employer sur la quantité de capital existant. Exemple : un camion (capital) ne peut être conduit que par un conducteur à la fois. Quant à la seconde exigence, elle est inhérente à la réalité de l'économie concurrentielle, où sont écartées du système les entreprises qui réalisent un coût de production plus élevé que celui de leurs concurrentes du fait, par exemple, qu'elles ne respectent pas la première exigence.

Précision n°2 : Le non-respect de cette règle ne remet pas en cause les principes de l'économie. Il met en cause le fonctionnement de l'économie où est appliquée la règle arbitraire selon laquelle être propriétaire des moyens de production donne un droit sur une partie du produit. Il met en cause aussi les responsables politiques et économiques qui, par leur silence, légitiment ladite règle arbitraire. Leur silence est dû soit à leur ignorance, soit au fait qu'ils sont sous l'influence de ceux à qui profitent ces prélèvements, essentiellement les financiers.

Règle n° 6

Proposition : Dans un pays ou dans un ensemble de pays à économie intégrée, le système bancaire (dans sa fonction d'institution monétaire) doit émettre uniquement la monnaie qui est destinée à monétiser la production dans l'acte de la rémunération des travailleurs.

Démonstration : Cette règle découle des principes n° 2, 3, 8 et 9. La monnaie n'a pas de droit légitime sur les produits ; pour obtenir un droit légitime, elle doit se transformer en revenu dans l'acte de la rémunération du travail. Cette règle doit régir le fonctionnement du système bancaire dans son rôle d'émetteur de monnaie. Le respect de cette règle écarte l'une des principales causes des prélèvements illégitimes.

Précision : Le non-respect de cette règle ne remet pas en cause les principes de l'économie. Il met en cause le fonctionnement du système bancaire qui doit distinguer son rôle monétaire de son rôle financier.

Règle n° 7

Proposition : Le taux d'intérêt monétaire ne doit pas dépasser les frais de fonctionnement du système bancaire, frais qui concernent son rôle d'émetteur de monnaie, son département monétaire.

Démonstration : Cette règle découle des 2°, 6° et 8° principes. La production seule est la source du revenu légitime et la monnaie est au service de la production. Lorsque le système bancaire outrepasse cette règle, il exerce un droit de seigneuriage dont le montant diminue proportionnellement le pouvoir d'achat réel des travailleurs.

Précision : Le respect de cette règle évite que les entrepreneurs ayant réalisé un profit monétaire soient tentés de monétiser leur production par le profit. Le profit monétaire est un pouvoir d'achat positif, il est donc destiné au marché des produits (cf. 3° et 4° règles).

Règle n° 8

Proposition : Dans un pays ou dans un ensemble de pays à économie intégrée, le système bancaire (dans son rôle d'intermédiaire financier) ne doit prêter l'épargne qu'aux agents économiques qui exercent un achat net sur le marché des produits (achat qui dépasse leurs ressources propres de la période considérée).

Démonstration : Cette règle découle des principes n° 2, 3, 4, 5, et 8. L'épargne étant un pouvoir d'achat positif, elle est destinée au marché des produits car elle doit aussi écouler sa contrepartie et permettre ainsi aux entreprises de récupérer le montant de monnaie qui leur a servi à monétiser leur production dans l'acte de la rémunération du travail.

Précision : Le non-respect de cette règle ne remet pas en cause les principes de l'économie. Il met en cause le fonctionnement du système bancaire qui confond son rôle monétaire et son rôle financier.

Règle n° 9

Proposition : Le taux d'intérêt financier ne doit pas dépasser la hausse des prix, les frais de la collecte de l'épargne et les frais de fonctionnement du département financier des banques.

Démonstration : Cette règle découle des principes n° 2, 3 et 6. Seule la production est source de revenu et c'est le travail qui est la cause de la production. Pour avoir un revenu légitime, il faut participer à la réalisation de la production. Par conséquent, le fait d'être épargnant n'octroie aucun droit légitime sur une partie du produit.

Précision : Le non-respect de cette règle constitue une cause de prélèvements indus, mais ne remet pas en cause les principes de l'économie. La partie du produit qui n'est pas achetée par les titulaires de revenu légitime est achetée par les épargnants qui exercent, dans ce cas, des prélèvements indus. Il met en cause la règle arbitraire selon laquelle être épargnant donne un droit sur une partie du produit. Il met en cause les dirigeants politiques, économiques et monétaires qui passent sous silence l'application de cette règle arbitraire aux conséquences dommageables pour l'ensemble de la société.

Règle n° 10

Proposition : Le capital financier (le profit et l'épargne) ne doit pas être destiné à la spéculation.

Démonstration : Cette règle est en relation avec la première règle qui découle des 1°, 3°, 4° et 5° principes. Le capital financier représente une partie du revenu monétaire. Le revenu monétaire est destiné au marché des produits, par conséquent le capital financier aussi est destiné au marché des produits. Le capital financier destiné à la spéculation, en revanche, devient une cause d'insuffisance de la demande globale, de la faillite de certaines entreprises, de l'aggravation de la situation de l'emploi, durant toute la période où il alimente la spéculation.

Précision : Le non-respect de cette règle ne remet pas en cause les principes de l'économie. Il met en cause le fonctionnement d'une économie régie par des règles arbitraires où il est possible de gagner de l'argent avec de l'argent.

IV. Les principes et règles de l'économie internationale

Les relations économiques constituent l'un des facteurs les plus importants permettant soit d'établir une entente pacifique soit d'engendrer des conflits entre les pays. Pour favoriser l'entente pacifique, les dirigeants politiques et économiques au niveau national et les dirigeants des organisations internationales telles que la Banque mondiale, le Fonds Monétaire International et l'Organisation Mondiale du Commerce ont la responsabilité de faire appliquer les règles qui concernent les échanges internationaux et le fonctionnement du système monétaire et financier international. Or, actuellement, une grande partie des échanges internationaux n'est pas réalisée dans l'équivalence, ce qui fait apparaître des pays gagnants et des pays perdants. Le système monétaire et financier international actuel fait apparaître des pays dominants et des pays dominés, il fait apparaître la liquidité internationale qui est une anomalie, il fait apparaître le marché financier international sur lequel sont placés les capitaux financiers des pays excédentaires, mais aussi les capitaux financiers des tricheurs, des mafieux et des criminels. Il favorise l'évasion des capitaux et les mouvements de capitaux aux conséquences néfastes, facilite les délocalisations aux conséquences désastreuses, favorise les spéculations sur les marchés financiers, sur les marchés des matières premières, sur les marchés des produits alimentaires, sur les marchés monétaires, etc. Toutes ces situations sont à l'origine de conflits. Les dirigeants de l'ensemble des pays, les dirigeants des organisations internationales et les auteurs qui ont établi les règles qui sont appliquées actuellement sont les premiers responsables de ces anomalies, de ces maux et des conflits qui en résultent.

L'application des règles qui découlent des principes de l'économie internationale permettrait d'écarter les causes de conflits dues aux relations économiques, monétaires et financières entre pays, relations qui font apparaître actuellement des pays gagnants, des pays perdants, etc. Elle permettrait de mettre tous les pays à égalité. En effet, elle permettrait d'atteindre l'objectif économique des échanges internationaux, objectif qui doit être de réaliser l'enrichissement mutuel des pays qui y participent. Elle ne ferait pas apparaître de liquidité internationale. Elle faciliterait l'établissement des taux de change dans le respect de la parité des pouvoirs d'achat. Elle écarterait la nécessité d'un marché financier international. Elle écarterait les mouvements des capitaux financiers, les placements sur le marché financier international, car celui-ci n'existera plus. Elle découragerait les délocalisations dont l'objectif est mercantile. Elle favoriserait les relocalisations. Elle tarirait les sources qui alimentent les spéculations au niveau international, etc. L'application de ces règles nécessite la mise en place d'un nouveau système monétaire et financier international, où serait créée une véritable Banque mondiale qui émettrait une monnaie internationale indépendante de toutes les monnaies nationales.

1° *Principes de l'économie internationale*

Principe n° 1

Proposition : L'économie internationale est une économie d'échange[5].

Démonstration : L'économie internationale n'étant pas une économie intégrée, chaque pays, pour acheter à d'autres pays, doit présenter ses produits sur le marché international.

Principe n° 2

Proposition : Dans une économie d'échange, ce sont les ventes qui financent les achats.

Démonstration : Ce principe découle du principe n°1. Pour financer ses importations sans endettement, chaque pays doit vendre pour le même montant.

Principe n° 3

Proposition : Les achats nets d'un pays ou d'un ensemble de pays sont équivalents aux ventes nettes d'autres pays.

Démonstration : Ce principe découle du principe n°2. Les achats sont financés par les ventes. Par définition, l'ensemble des achats est équivalent à l'ensemble des ventes. Par conséquent, l'ensemble des achats nets est équivalent à l'ensemble des ventes nettes.

Principe n° 4

Proposition : Dans une économie d'échange, la monnaie intervient en tant qu'intermédiaire des échanges et non comme pouvoir d'achat positif, légitime.

Démonstration : La monnaie, un numéraire, un équivalent général, est nécessaire car elle permet de comptabiliser, de mesurer, de comparer les produits et de faciliter les échanges afin de réaliser ces échanges dans l'équivalence. D'après le 2° principe, ce sont les ventes qui financent les achats. Par conséquent, la monnaie apparaît pour monétiser les échanges et elle disparaît une fois les échanges terminés. A la fin des échanges de chaque période, ce qui reste ce sont les créances-

[5] Nous nous plaçons dans le cas où les pays ont des monnaies différentes, où il n'y a pas une véritable intégration économique, monétaire et financière.

dettes, qui constituent des relations financières entre les pays excédentaires et les pays déficitaires.

Principe n° 5

Proposition : Pour qu'un pays honore sa dette extérieure, il doit réaliser, dans les périodes à venir, une balance commerciale excédentaire pour le montant des charges de sa dette.

Démonstration : Ce principe découle des 2° et 3° principes de l'économie internationale : les achats sont financés par les ventes et les achats nets sont équivalents aux ventes nettes. Par conséquent, les pays acheteurs nets d'une période honorent leur dette lorsqu'ils deviennent vendeurs nets pour le même montant, en pouvoir d'achat réel, pour les périodes à venir.

2° *Les principales règles du fonctionnement normal de l'économie internationale, qui est une économie d'échange*

Les institutions monétaires et financières internationales et l'Organisation Mondiale du Commerce doivent avoir la charge d'appliquer et de faire appliquer ces règles, car c'est le respect de ces règles qui assurerait le fonctionnement normal de l'économie internationale.

Règle n° 1

Proposition : Aucune monnaie nationale ne doit jouer le rôle de monnaie internationale.

Démonstration : Cette règle découle du deuxième principe de l'économie internationale. La confusion entre monnaie nationale et monnaie internationale peut engendrer de faux paiements qui sont à l'origine de l'apparition de la liquidité internationale. L'apparition de la liquidité internationale signifie que le pays acheteur net (importations supérieures aux exportations), dont la monnaie joue le rôle de monnaie internationale, finance ses achats nets avec sa propre monnaie, avec sa propre dette (ou un pays acheteur net finance sa dette avec la dette du pays dont la monnaie joue le rôle de monnaie internationale), ce qui n'est pas compatible avec le principe selon lequel nul ne paye avec sa propre dette ni avec la dette, la monnaie, d'un autre.

Précision : Le non-respect de cette règle ne remet pas en cause les principes de l'économie. Il met en cause le fonctionnement du système monétaire et financier international actuel, régi par des règles arbitraires. Lorsqu'un pays « finance » ses achats nets avec sa propre monnaie, ce « financement » représente une reconnaissance de sa dette et non un paiement. Dans ce cas, en dernière analyse, ce sont les pays vendeurs nets qui financent les achats nets de ce pays (ou les achats nets des pays qui financent leur dette avec la dette du pays dont la monnaie joue le rôle de monnaie internationale).

Règle n° 2

Proposition : La monnaie internationale doit être distincte de toute monnaie nationale ou régionale.

Démonstration : D'après le 4° principe, une unité de monnaie est nécessaire pour comptabiliser (mesurer) les échanges au niveau international. La monnaie internationale ne doit pas être représentée par une monnaie nationale car la monnaie de chaque pays représente le droit, légitime ou non, sur les produits de chaque pays considéré. Selon les règles de l'économie nationale, la monnaie nationale est destinée à monétiser et à mesurer la production dans l'acte de la rémunération du travail, le revenu ainsi formé représente cette production nationale et le droit légitime sur cette production. La confusion entre monnaie nationale et monnaie internationale engendre une confusion entre le droit sur le produit national et le droit sur le produit présenté sur le marché international. Or, le revenu monétaire de chaque pays représente le droit sur les produits de chaque pays considéré, tandis que chaque pays obtient un droit légitime sur les produits présentés sur le marché international par la vente de son produit. Par conséquent, la monétisation des échanges internationaux exige une véritable monnaie internationale indépendante de toute monnaie nationale et par là même l'existence d'un organisme monétaire et financier international indépendant de tous les pays.

Précision : Le non-respect de cette règle ne remet pas en cause les principes de l'économie internationale. Il met en cause le fonctionnement d'un système monétaire et financier international qui confond monnaie nationale et monnaie internationale. Il met en cause aussi la responsabilité des dirigeants nationaux qui ont accepté et mis en place un tel système. Il met en cause enfin la responsabilité des dirigeants des organisations internationales qui ont en charge les problèmes monétaires et financiers au niveau international.

Règle n° 3

Proposition : Les taux de change des monnaies doivent être établis dans le respect de la parité des pouvoirs d'achat.

Démonstration : Cette règle découle de l'objectif des échanges, qui est l'enrichissement mutuel. Pour qu'il n'y ait pas des pays gagnants et des pays perdants, les échanges doivent se réaliser dans le respect de l'équivalence. La parité des pouvoirs d'achat permet de déterminer quel montant de monnaie un pays doit échanger contre une unité de monnaie d'un autre pays pour pouvoir obtenir une quantité de produits équivalents dans les deux pays par la dépense de ce montant de monnaie.

Le respect de cette règle écarterait la principale cause de pillage des pays dont les monnaies sont sous-évaluées, pillage par la ruse. Il écarterait les délocalisations dont l'objectif est mercantile. Il écarterait l'une des causes de conflits entre les pays, conflits dus aux relations économiques.

Précision : Le non-respect de cette règle ne remet pas en cause les principes de l'économie. Il met en cause les autorités politiques et monétaires de divers pays et les dirigeants du Fonds Monétaire International, car ce sont eux qui ont en charge la détermination des taux de change, qui sont établis arbitrairement, et les relations monétaires et financières entre les pays. Il met en cause les dirigeants de l'Organisation Mondiale du Commerce, qui ont en charge les relations des échanges entre les pays. Ces autorités politiques et monétaires nationales et ces dirigeants des organisations internationales passent sous silence le problème des taux de change arbitraires. Lorsque les taux de change sont arbitraires, les échanges ne sont pas réalisés dans l'équivalence, les pays dont les monnaies sont surévaluées s'emparent d'une partie du pouvoir d'achat réel des pays dont les monnaies sont sous-évaluées, ces derniers sont donc spoliés ou pillés. Précisons toutefois que depuis la financiarisation mondialisée les pays dont les monnaies sont surévaluées voient la situation de l'emploi s'aggraver dans leur pays du fait que leurs entreprises délocalisent. Les délocalisations sont donc une autre conséquence des taux de change arbitraires.

Règle n° 4

Proposition : Le capital financier (le profit et l'épargne) formé dans un pays est destiné à financer l'achat des produits d'investissement et de consommation dans ce même pays. Il ne doit donc pas être destiné au marché financier dit international.

Démonstration : Il découle du 2° principe de l'économie internationale que les achats sont financés par les ventes ; il découle des 5°, 8°, 9°, 10° et 11° principes de l'économie salariale que le revenu formé dans un pays est destiné à être dépensé sur le marché des produits du pays considéré ou de l'ensemble des pays à économie véritablement intégrée. Le capital financier national représente une partie du revenu formé dans chaque pays ; il est donc destiné à être dépensé sur le marché des produits afin que sa contrepartie réelle soit écoulée dans chaque pays considéré ou dans les pays à économie intégrée et afin que les entreprises récupèrent le montant de monnaie qui leur a permis de monétiser la production dans l'acte de la rémunération du travail. Le non-respect de cette règle met en danger l'avenir des entreprises des pays dont les financiers placent leurs capitaux sur le marché financier dit international.

Précision : Le non-respect de cette règle ne remet pas en cause les principes de l'économie. Il met en cause le fonctionnement des systèmes monétaires et financiers nationaux et le fonctionnement du système monétaire et financier international. Il met en cause la confusion entre le marché financier national et le marché financier international qui devrait s'intéresser uniquement à la source légitime du financement des achats nets au niveau international (cf. règle n° 7).

Règle n° 5

Proposition : Un pays (ou un ensemble de pays à économie véritablement intégrée) ne doit pas placer son capital financier dans d'autres pays.

Démonstration : Cette règle découle des 2°, 3°, 4° et 9° principes de l'économie salariale. Le revenu formé dans chaque pays est destiné à écouler sa contrepartie, le produit, dans le pays où il est réalisé (le produit ou son équivalent : les produits importés pour le montant des produits exportés). Tout placement financier d'un pays dans d'autres pays constitue une cause d'insuffisance de la demande globale et une cause d'aggravation de la situation de l'emploi dans le pays qui est à l'origine des placements extérieurs. Par conséquent, il ne doit pas y avoir de mouvements de capitaux financiers au niveau international.

Précision : Le non-respect de cette règle ne remet pas en cause les principes n° 3, n° 4 et n° 8. En effet, le produit qui représente la contrepartie du revenu (capital financier placé dans d'autres pays) ne peut pas être demandé car le montant du revenu qui le représente a été retiré. Il met en cause les règles arbitraires qui régissent le fonctionnement des systèmes monétaires et financiers nationaux et le fonctionnement du système monétaire et financier international. Il met en cause aussi les dirigeants politiques et économiques au niveau national et les dirigeants des organisations internationales, qui appliquent ou laissent appliquer ces règles arbitraires.

Règle n° 6

Proposition : Aucun pays (ou aucun ensemble de pays à économie intégrée) ne doit accepter les placements financiers venant de l'extérieur.

Démonstration : Cette règle découle de la précédente. Aussi, d'après les 2° et 3° principes de l'économie salariale, le revenu formé dans chaque pays représente la valeur monétaire de la production du pays considéré, ce qui signifie que le montant du revenu formé dans chaque pays est un montant nécessaire et suffisant pour écouler le produit réalisé dans chaque pays considéré. Par conséquent, aucun pays n'a besoin de la monnaie d'un autre pays ni pour émettre sa propre monnaie ni pour écouler son propre produit. Toute entrée de devises converties en monnaie nationale exerce un prélèvement illégitime. En effet, dans le système bancaire actuel, toute entrée de devises dans un pays (par exemple, placements financiers venant de l'extérieur) est convertie en monnaie nationale, ce qui constitue une source de prélèvements illégitimes sur le pouvoir d'achat réel des titulaires de revenu légitime dans le pays considéré.

Précision : Le non-respect des règles n° 4, 5 et 6 ne remet pas en cause les principes de l'économie. Il met en cause le fonctionnement des systèmes monétaires et financiers nationaux et le système monétaire et financier international. Il met en cause aussi les dirigeants politiques et économiques au niveau national et les dirigeants des organisations internationales, qui appliquent ou laissent appliquer ces règles arbitraires.

Règle n° 7

Proposition : Les achats nets d'un pays ou d'un ensemble de pays doivent être financés par les ventes nettes d'autres pays.

Démonstration : Définition : dans une économie d'échange (l'économie internationale est une économie d'échange) l'ensemble des achats est équivalent à l'ensemble des ventes.

D'après le 2° principe de l'économie internationale, les achats sont financés par les ventes. D'après le 3° principe de l'économie internationale, les achats nets sont équivalents aux ventes nettes (l'ensemble des importations nettes sont équivalentes à l'ensemble des exportations nettes). Il découle de cette définition et de ces principes que les achats nets des pays déficitaires doivent être financés par le résultat des ventes nettes des pays excédentaires. Le respect de cette règle ne fait apparaître aucune liquidité internationale.

Précision n° 1: Le non-respect de cette règle ne remet pas en cause les principes des échanges internationaux. En dernière analyse, ce sont les pays vendeurs nets qui financent les achats nets d'un pays qui finance ses achats nets par sa propre monnaie qui joue le rôle de monnaie internationale. Dans ce cas, la monnaie de ce pays détenue par d'autres pays représente sa reconnaissance de dette, ce qui signifie que le pays dont la monnaie est considérée comme monnaie internationale est un pays dominant et privilégié.

Précision n° 2: Le non-respect de cette règle ne remet pas en cause les principes des échanges internationaux. Il met en cause le fonctionnement du système monétaire et financier international actuel, les dirigeants politico-économiques au niveau national et les dirigeants des organisations internationales qui ont des responsabilités dans ces domaines, car ils acceptent la confusion entre la monnaie d'un pays et la monnaie internationale.

Précision n° 3: Lorsque cette règle (n°7) sera respectée, les relations financières entre les pays seront limitées uniquement aux créances et aux dettes qui résultent des excédents et des déficits des balances commerciales. Mais le respect de cette règle, d'une façon générale le fonctionnement normal des échanges internationaux, exige l'existence d'un nouveau et véritable système monétaire et financier international, une véritable Banque mondiale. Cette nouvelle Banque émettra de la monnaie pour monétiser les échanges et prendra en charge les excédents et les déficits. Toute autre relation financière entre les pays est une anomalie due au non-respect des règles de l'économie nationale et de l'économie internationale.

L'étude de ce chapitre permet de constater, à plusieurs niveaux, les évolutions importantes apportées par la nouvelle théorie (cf. mon ouvrage, *La nouvelle théorie économique ;* 2012 ; Ed. L'Harmattan) par rapport aux analyses des auteurs classiques et keynésiens. Elle permet en particulier de constater une rupture radicale avec la théorie actuellement dominante. Enfin et surtout, elle permet de constater que le respect des règles du fonctionnement normal des économies nationales et de l'économie internationale écarte les maux dus au fonctionnement actuel de l'économie, mais aussi qu'il assure la réalisation de l'économie humaine et qu'il facilite et favorise la réalisation de l'économie durable.

Conclusion générale

Tous ceux qui prennent les décisions actuellement, à quelque niveau que ce soit, ne voient pas comment sortir de l'impasse économique et environnementale actuelle pour la simple raison qu'ils ne peuvent pas "penser" en dehors du cadre de la théorie dominante, où le fonctionnement de l'économie est régi par des règles arbitraires. Or, nous l'avons démontré, cette théorie est partisane, mensongère, sans fondement rationnel, elle repose sur du vent, comme le montre un exemple parmi tant d'autres : elle considère et étudie tout comme des marchandises : non seulement les produits, mais aussi le travail, la monnaie, l'environnement, etc. Et, malheureusement, cette théorie peu à peu s'est imposée, jusqu'à devenir la théorie dominante à l'échelle mondiale ; elle a enfermé enseignants, chercheurs et acteurs dans une sorte de vision de la Caverne de Platon. Or, il faut se rappeler que chaque pas en avant dans l'histoire s'est accompli grâce à des esprits libres, capables de porter un regard neuf sur le monde. Il a fallu chaque fois, pour sortir des vieilles ornières, penser le monde autrement. Je crois que le moment est venu d'ouvrir les yeux sur une nouvelle façon d'envisager l'économie nationale, l'économie internationale et le rapport entre l'économie et l'environnement. Je crois que l'époque est prête à sortir de l'impasse actuelle qui mène le monde à sa perte et à emprunter une nouvelle voie économique et environnementale afin de résoudre une grande partie des problèmes qui gangrènent toutes les sociétés de l'ère "globalisée".

En effet, le cadre du fonctionnement actuel de l'économie nationale et de l'économie internationale n'est compatible ni avec la réalisation de l'économie durable ni avec celle de l'économie humaine. Essentiellement deux éléments sont à l'origine de cette incompatibilité. Le premier concerne le fait que, dans ce cadre, il est possible de gagner de l'argent avec de l'argent. Par définition, ceux qui gagnent de l'argent avec de l'argent spolient ceux qui obtiennent un revenu grâce à leur participation à la réalisation de la production, car seule la production est source de revenu. Pour gagner toujours plus d'argent, les financiers des entreprises non seulement exploitent les travailleurs mais de surcroît certains d'entre eux, de plus en plus nombreux, trompent les consommateurs et augmentent la production matérielle, sans tenir compte des conséquences néfastes pour les ressources naturelles, pour l'environnement et pour l'avenir du vivant. Le deuxième élément concerne les taux de change arbitraires. Ces taux de change font apparaître des pays perdants, des pays gagnants et le pillage de certains pays par d'autres. Ce sont ces taux de change qui font apparaître la main-d'œuvre moins chère dans certains pays que dans d'autres, créant ainsi une concurrence inégale. Ils sont donc à l'origine des délocalisations et de leurs conséquences néfastes pour les pays d'origine de leur financement, pour les pays où ces entreprises s'implantent, pour les travailleurs de ces deux ensembles de pays et pour l'environnement. Les délocalisations ne sont favorables qu'aux financiers de ces entreprises.

La combinaison de ces deux éléments constitue, pour les lobbies financiers, industriels et agricoles, une arme de dissuasion qui empêche les dirigeants de prendre de véritables mesures et décisions en faveur des travailleurs, des consommateurs, de l'environnement et de la préservation des ressources naturelles. Et lorsque certaines mesures et décisions sont prises, c'est le fonctionnement actuel de l'économie qui permet de les détourner ou de marginaliser leurs effets positifs. Dans le cadre du fonctionnement actuel de l'économie, les situations de chômage et d'instabilité économique sont favorables à la coalition des lobbies financiers, industriels et agricoles. Elles leur permettent d'empêcher ou de limiter les mesures en faveur du travail, des consommateurs et de l'environnement, mais elles leur sont utiles aussi pour obliger les dirigeants à revenir sur les politiques sociales, fiscales, environnementales, etc., alors que ces situations sont les conséquences de leurs actes et décisions. En outre, le fonctionnement actuel de l'économie nationale et de l'économie internationale est porteur de conflits à l'intérieur des pays et entre les pays, conflits qui peuvent dégénérer, comme le montre la situation actuelle en divers points du monde. Toutes ces conséquences néfastes (pour les travailleurs, pour les consommateurs, pour l'environnement, pour la paix, pour l'avenir de la planète et pour l'avenir du vivant) perdureront tant que le fonctionnement de l'économie sera régi par des règles arbitraires. Ces règles sont déduites de théories économiques partisanes et sans fondement rationnel, il faut donc les abandonner.

Toutefois, il ne suffit pas de dénoncer les divers dysfonctionnements qui sévissent aujourd'hui, en économie comme dans bien d'autres domaines, beaucoup s'y emploient certes, mais encore faut-il savoir par quoi remplacer tout ce qui ne fonctionne pas.

Or, les règles du fonctionnement normal, harmonieux, de l'économie nationale et de l'économie internationale existent. Elles sont déduites logiquement des principes de l'économie établis par une théorie rationnelle. L'application de ces règles, au niveau national, écartera le fait de pouvoir gagner de l'argent avec de l'argent. Elle préservera donc les droits économiques des travailleurs qui ne seront plus spoliés et des consommateurs qui ne seront plus trompés. Elle facilitera et favorisera la réalisation des décisions prises afin d'écarter l'exploitation des travailleurs. Dans cette économie, les travailleurs ne vivront plus pour travailler, ils travailleront, enfin, pour vivre, sans mettre en danger l'avenir des générations futures.

L'application de ces règles, au niveau international, permettra d'établir les taux de change dans le respect de la parité des pouvoirs d'achat ; les échanges internationaux pourront ainsi se réaliser dans l'équivalence, il n'y aura donc plus de pays gagnants ni de pays perdants, plus de concurrence inégale entre les pays, ni de délocalisations. Elle favorisera les relocalisations et rapprochera les producteurs des consommateurs. L'entrée en fonction de la nouvelle Banque mondiale, résultant de la réforme du système monétaire et financier international que je propose, fera disparaître la liquidité internationale et ses conséquences néfastes. L'ensemble de ces situations favorisera l'entente pacifique entre les pays.

Le fonctionnement normal de l'économie nationale et de l'économie internationale facilitera et favorisera la réalisation des décisions prises par chaque pays, par un ensemble de pays ou par tous les pays, en faveur des travailleurs, de l'emploi, des consommateurs, de l'environnement, de la préservation des ressources naturelles, de l'avenir de la planète et de l'avenir du vivant. En fait, c'est l'établissement de l'économie humaine qui constitue la condition préalable à une véritable réalisation de l'économie durable.

Table des matières

Les ouvrages d'Elie Sadigh :

MONETA E PRODUZIONE (1988) ; ouvrage collectif. Giulio Einaudi Editore. Collection Scientifica Einaudi.

LA RENTE FONCIÈRE (1990) ; ouvrage collectif. Ed. adef (Association des Etudes Foncières).

CRISE ET DEPENSE DU PROFIT (1994) ; Ed. LATEC. Centre national de la recherche scientifique, Université de Bourgogne.

LA THEORIE ECONOMIQUE DOMINANTE : UN SIECLE D'IMPOSTURE (1998) ; Ed. L'Harmattan

PRINCIPES DE L'ECONOMIE SALARIALE (1999) ; Ed. L'Harmattan

DU LIBERALISME OU DE LA LOI DU PLUS FORT A L'ECONOMIE POLITIQUE (2001) ; Ed. L'Harmattan

VALEUR, PRIX ET CAPITAL (2002) ; Ed. L'Harmattan

ETUDE ECONOMIQUE ET GEOPOLITIQUE DU DEVELOPPEMENT (2003) ; Ed. L'Harmattan

PLEIN-EMPLOI, CHÔMAGE : Synthèses critiques et propositions (2003) ; Ed. L'Harmattan

LA PROPRIETE : LE PROPRE, L'APPROPRIATION (2004) ; ouvrage collectif. Ed. Ellipses

THE MONETARY THEORY OF PRODUCTION Tradition and perspectives (2005) ; ouvrage collectif. Ed. Palgrave Macmillan

METHODOLOGIES ECONOMIQUES ET ETHIQUE SCIENTIFIQUE (2006) ; Ed. L'Harmattan

DELOCALISATIONS, CHÔMAGE : *Les remèdes* (2006) ; Ed. L'Harmattan (traduit en italien)

ORGANISATION MONDIALE DU COMMERCE ; *La supercherie* (2007) ; Ed. L'Harmattan (traduit en russe)

DES INÉGALITÉS ÉCONOMIQUES AUX INÉGALITÉS SOCIALES ; *Propositions pour un monde plus juste.* (2008) ; Ed. L'Harmattan

LE DEVELOPPEMENT DURABLE ET EQUITABLE (2008) ; Ed. L'Harmattan

ECONOMIE POLITIQUE ET POLITIQUE ÉCONOMIQUE : *Pour une économie sans crise* (2009) ; Ed. L'Harmattan

AFRIQUE, LE CONTINENT PILLE : Atouts, handicaps, perspectives et propositions (2009) ; Ed. L'Harmattan

LA FINANCIARISATION : CAPITAL CONTRE TRAVAIL (2010) ; Ed. L'Harmattan

PUISSANCE ET DECADENCE DES ETATS : La solution économique (2011) ; Ed. L'Harmattan

LA NOUVELLE THEORIE ECONOMIQUE (2012) ; Ed. L'Harmattan

POURQUOI LA SCIENCE ECONOMIQUE ACTUELLE EST-ELLE MENSONGERE ? (2013) ; Ed. L'Harmattan

L'Harmattan Italia
Via Degli Artisti 15; 10124 Torino
harmattan.italia@gmail.com

L'Harmattan Hongrie
Könyvesbolt ; Kossuth L. u. 14-16
1053 Budapest

L'Harmattan Kinshasa
185, avenue Nyangwe
Commune de Lingwala
Kinshasa, R.D. Congo
(00243) 998697603 ou (00243) 999229662

L'Harmattan Congo
67, av. E. P. Lumumba
Bât. – Congo Pharmacie (Bib. Nat.)
BP2874 Brazzaville
harmattan.congo@yahoo.fr

L'Harmattan Guinée
Almamya Rue KA 028, en face
du restaurant Le Cèdre
OKB agency BP 3470 Conakry
(00224) 657 20 85 08 / 664 28 91 96
harmattanguinee@yahoo.fr

L'Harmattan Mali
Rue 73, Porte 536, Niamakoro,
Cité Unicef, Bamako
Tél. 00 (223) 20205724 / +(223) 76378082
poudiougopaul@yahoo.fr
pp.harmattan@gmail.com

L'Harmattan Cameroun
TSINGA/FECAFOOT
BP 11486 Yaoundé
699198028/675441949
harmattancam@yahoo.com

L'Harmattan Côte d'Ivoire
Résidence Karl / cité des arts
Abidjan-Cocody 03 BP 1588 Abidjan 03
(00225) 05 77 87 31
etien_nda@yahoo.fr

L'Harmattan Burkina
Penou Achille Some
Ouagadougou
(+226) 70 26 88 27

L'Harmattan Sénégal
10 VDN en face Mermoz, après le pont de Fann
BP 45034 Dakar Fann
33 825 98 58 / 33 860 9858
senharmattan@gmail.com / senlibraire@gmail.com
www.harmattansenegal.com

Achevé d'imprimer par Corlet Numérique - 14110 Condé-sur-Noireau
N° d'Imprimeur : 138045 - Dépôt légal : avril 2017 - *Imprimé en France*

www.ingramcontent.com/pod-product-compliance
Lightning Source LLC
LaVergne TN
LVHW010943061026
849535LV00007B/2547